TRANSLATED

Translated Language Learning

Y Forforwyn Fach

The Little Mermaid

Hans Christian Andersen

Cymraeg / English

Copyright © 2023 Tranzlaty
All rights reserved.
Published by Tranzlaty
ISBN: 978-1-83566-284-7
Original text by Hans Christian Andersen
Den Lille Havfrue
First published in Danish in 1837
www.tranzlaty.com

Y Forforwyn Fach
The Little Mermaid

Ymhell o'r môr, lle mae'r dŵr yn las
Far out in the ocean, where the water is blue
Yma, mae'r dŵr mor las â'r cornflower harddaf
here the water is as blue as the prettiest cornflower
ac mae'r dŵr mor glir â'r grisial buraf
and the water is as clear as the purest crystal
Mae'r dŵr hwn, ymhell allan yn y môr yn ddwfn iawn, iawn
this water, far out in the ocean is very, very deep
dŵr mor ddwfn, yn wir, fel na allai unrhyw gebl gyrraedd y gwaelod
water so deep, indeed, that no cable could reach the bottom
Gallech bentyrru llawer o steeples eglwys ar ei gilydd
you could pile many church steeples upon each other
ond ni fyddent yn cyrraedd wyneb y dŵr
but they would not reach the surface of the water
Yno trigai'r Brenin Môr a'i bynciau
There dwell the Sea King and his subjects
Efallai eich bod chi'n meddwl mai dim ond tywod melyn noeth ar y gwaelod
you might think it is just bare yellow sand at the bottom
Ond rhaid inni beidio â meddwl nad oes dim yno
but we must not imagine that there is nothing there
ar y tywod hwn yn tyfu'r blodau a phlanhigion rhyfeddaf
on this sand grow the strangest flowers and plants
ac ni allwch ddychmygu pa mor pliant yw'r dail a'r coesynnau
and you can't imagine how pliant the leaves and stems are
Mae cynnwrf lleiaf y dŵr yn achosi iddynt droi
the slightest agitation of the water causes them to stir
Mae fel petai gan bob deilen fywyd eu hunain
it is as if each leaf had a life of their own
Mae pysgod, yn fawr ac yn fach, yn glide rhwng y canghennau

Fishes, both large and small, glide between the branches
Yn union fel pan fydd adar yn hedfan ymysg y coed yma ar y tir
just like when birds fly among the trees here upon land

Yn y man dyfnaf o'r holl stondinau castell hardd
In the deepest spot of all stands a beautiful castle
y castell hardd hwn yw castell Brenin y Môr
this beautiful castle is the castle of the Sea King
Mae waliau'r castell wedi'u hadeiladu o gwrel
the walls of the castle are built of coral
ac mae'r ffenestri Gothig hir o'r ambr cliriaf
and the long Gothic windows are of the clearest amber
Mae to y castell wedi'i ffurfio o gregyn môr
The roof of the castle is formed of sea shells
a'r cregyn yn agor ac yn cau wrth i'r dŵr lifo drostynt
and the shells open and close as the water flows over them
Mae eu hymddangosiad yn harddach nag y gellir ei ddisgrifio
Their appearance is more beautiful than can be described
o fewn pob cragen mae perl disglair
within each shell there lies a glittering pearl
a byddai pob perl yn addas ar gyfer diadem brenhines
and each pearl would be fit for the diadem of a queen

Roedd Brenin y Môr wedi bod yn wraig weddw ers blynyddoedd lawer.
The Sea King had been a widower for many years
a'i fam oedrannus yn aros gartref iddo
and his aged mother kept house for him
Roedd hi'n fenyw synhwyrol iawn
She was a very sensible woman
Ond roedd hi'n hynod falch o'i genedigaeth uchel
but she was exceedingly proud of her high birth
ac ar y cyfrif hwnnw gwisgai ddeuddeg wystrys ar ei chynffon

and on that account she wore twelve oysters on her tail
roedd eraill o safle uchel ond yn cael gwisgo chwe wystrys
others of high rank were only allowed to wear six oysters
Fodd bynnag, roedd hi'n haeddu canmoliaeth fawr iawn
She was, however, deserving of very great praise
Roedd rhywbeth yr oedd hi'n haeddu canmoliaeth arbennig iddo
there was something she especially deserved praise for
Roedd hi'n gofalu am y thywysogesau môr bach
she took great care of the the little sea princesses
Roedd ganddi chwech o wyresau yr oedd hi'n eu caru
she had six granddaughters that she loved
Roedd yr holl dywysogesau môr yn blant hardd
all the sea princesses were beautiful children
Ond y dywysoges môr ieuengaf oedd y mwyaf prydferth ohonynt
but the youngest sea princess was the prettiest of them
Roedd ei chroen mor glir a cain â deilen rhosyn
Her skin was as clear and delicate as a rose leaf
a'i llygaid hi mor las â'r môr dyfnaf
and her eyes were as blue as the deepest sea
Ond, fel pawb arall, doedd ganddi ddim traed
but, like all the others, she had no feet
ac ar ddiwedd ei chorff roedd cynffon pysgodyn
and at the end of her body was a fish's tail

Drwy'r dydd buont yn chwarae yn neuaddau mawr y castell
All day long they played in the great halls of the castle
Allan o furiau'r castell tyfodd blodau hardd
out of the walls of the castle grew beautiful flowers
ac roedd hi wrth ei bodd yn chwarae ymysg y blodau byw, hefyd
and she loved to play among the living flowers, too
Roedd y ffenestri ambr mawr ar agor, a'r pysgod yn nofio mewn
The large amber windows were open, and the fish swam in

Mae'n union fel pan fyddwn yn gadael y ffenestri ar agor
it is just like when we leave the windows open
ac yna mae'r llyncu 'n bert yn hedfan i mewn i'n tai ni
and then the pretty swallows fly into our houses
Dim ond y pysgod swatio hyd at y tywysogesau
only the fishes swam up to the princesses
Nhw oedd yr unig rai oedd yn bwyta allan o'u dwylo
they were the only ones that ate out of their hands
a hwy a adawsant iddynt gael eu taro ganddynt.
and they allowed themselves to be stroked by them

Y tu allan i'r castell roedd gardd hardd
Outside the castle there was a beautiful garden
Yn yr ardd tyfodd blodau llachar coch a glas tywyll
in the garden grew bright-red and dark-blue flowers
a thyfodd blodau fel fflamau tân
and there grew blossoms like flames of fire
Mae'r ffrwythau ar y planhigion wedi'u disgleirio fel aur
the fruit on the plants glittered like gold
a'r dail a'r coesynnau yn chwifio'n barhaus i ac ymlaen
and the leaves and stems continually waved to and fro
Y ddaear ar y ddaear oedd y tywod gorau
The earth on the ground was the finest sand
ond nid oes ganddo liw y tywod yr ydym yn ei adnabod
but it does not have the colour of the sand we know
Mae mor las â fflam llosgi sylffwr
it is as blue as the flame of burning sulphur
Dros bopeth gorweddai radiance glas rhyfedd
Over everything lay a peculiar blue radiance
mae fel petai'r awyr las ym mhobman
it is as if the blue sky were everywhere
Roedd glas yr awyr uwchben ac islaw
the blue of the sky was above and below
Mewn tywydd braf gellid gweld yr haul
In calm weather the sun could be seen
Oddi yma roedd yr haul yn edrych fel blodyn coch-porffor

from here the sun looked like a reddish-purple flower
a'r golau yn ffrydio o linach y blodyn
and the light streamed from the calyx of the flower

Rhannwyd gardd y palas yn sawl rhan
the palace garden was divided into several parts
Roedd gan bob un o'r tywysogesau eu llain fach eu hunain o dir
Each of the princesses had their own little plot of ground
ar y plot hwn gallent blannu pa bynnag flodau y maent yn eu plesio
on this plot they could plant whatever flowers they pleased
Trefnodd un dywysoges ei gwely blodau ar ffurf morfil
one princess arranged her flower bed in the form of a whale
Trefnodd un dywysoges ei blodau fel môr-forwyn fach
one princess arranged her flowers like a little mermaid
a gwnaeth y plentyn ieuengaf ei gardd o gwmpas, fel yr haul
and the youngest child made her garden round, like the sun
ac yn ei gardd hi dyfodd flodau coch hardd
and in her garden grew beautiful red flowers
Roedd y blodau hyn mor goch â phelydrau'r machlud
these flowers were as red as the rays of the sunset

Roedd hi'n blentyn rhyfedd; Tawel a meddylgar
She was a strange child; quiet and thoughtful
Dangosodd ei chwiorydd lawenydd â'r pethau rhyfeddol
her sisters showed delight at the wonderful things
y pethau a gawsant o longddrylliadau llongau
the things they obtained from the wrecks of vessels
Ond roedd hi'n gofalu am ei blodau coch tlws yn unig
but she cared only for her pretty red flowers
Er bod cerflun marmor hardd hefyd
although there was also a beautiful marble statue
Roedd yn cynrychioli bachgen golygus
It was the representation of a handsome boy
Roedd wedi'i cherfio allan o garreg wen bur

it had been carved out of pure white stone
ac yr oedd wedi disgyn i waelod y môr o ddrylliad
and it had fallen to the bottom of the sea from a wreck
cerflun marmor hwn o fachgen yr oedd hi'n gofalu amdano hefyd
this marble statue of a boy she cared about too

Plannodd hi, gan y cerflun, helygen wylo lliw rhosyn
She planted, by the statue, a rose-colored weeping willow
ac yn fuan yr helyg hongian ei changhennau ffres dros y cerflun
and soon the willow hung its fresh branches over the statue
bron i'r canghennau gyrraedd i lawr i'r tywod glas
the branches almost reached down to the blue sands
Roedd gan gysgodion y goeden liw fioled
The shadows of the tree had the color of violet
a'r cysgodion yn chwifio i ac yn blygu fel y canghennau
and the shadows waved to and fro like the branches
Roedd hyn i gyd yn creu'r rhith mwyaf diddorol
all of this created the most interesting illusion
fel pe bai coron y goeden a'r gwreiddiau'n chwarae
as if the crown of the tree and the roots were playing
roedd yn edrych fel pe baent yn ceisio cusanu ei gilydd
it looked as if they were trying to kiss each other

Ei bleser mwyaf oedd clywed am y byd uchod
her greatest pleasure was hearing about the world above
y byd uwchben y môr dwfn yr oedd hi'n byw ynddo
the world above the deep sea she lived in
Gwnaeth i'w hen nain ddweud popeth wrthi
She made her old grandmother tell her all about it
y llongau a'r trefi, y bobl a'r anifeiliaid
the ships and the towns, the people and the animals
i fyny yno yr oedd blodau y tir yn arogl
up there the flowers of the land had fragrance
doedd gan y blodau o dan y môr ddim arogl

the flowers below the sea had no fragrance
i fyny yno roedd coed y goedwig yn wyrdd
up there the trees of the forest were green
a gallai'r pysgod yn y coed ganu'n hyfryd
and the fishes in the trees could sing beautifully
i fyny yno roedd yn bleser gwrando ar y pysgod
up there it was a pleasure to listen to the fish
Roedd ei nain yn galw'r adar yn bysgod
her grandmother called the birds fishes
arall na fyddai'r môr-forwyn fach wedi deall
else the little mermaid would not have understood
oherwydd nad oedd y môr-forwyn fach erioed wedi gweld adar
because the little mermaid had never seen birds

Dywedodd ei mam-gu wrthi am ddefodau môr-forynion
her grandmother told her about the rites of mermaids
"Un diwrnod y byddi di'n cyrraedd dy bymthegfed flwyddyn"
"one day you will reach your fifteenth year"
"Yna bydd gennych ganiatâd i fynd i'r wyneb"
"then you will have permission to go to the surface"
"Byddwch yn gallu eistedd ar y creigiau yng ngolau'r lleuad"
"you will be able to sit on the rocks in the moonlight"
"A byddwch yn gweld y llongau mawr yn mynd yn hwylio heibio"
"and you will see the great ships go sailing by"
"Yna fe welwch goedwigoedd a threfi a'r bobl."
"Then you will see forests and towns and the people"

Y flwyddyn ganlynol byddai un o'r chwiorydd yn bymtheg
the following year one of the sisters would be fifteen
Ond roedd pob chwaer flwyddyn yn iau na'r llall
but each sister was a year younger than the other
byddai'n rhaid i'r ieuengaf aros bum mlynedd cyn ei throi
the youngest would have to wait five years before her turn

Dim ond wedyn y gallai hi godi o waelod y môr
only then could she rise up from the bottom of the ocean
a dim ond wedyn y gallai hi weld y ddaear fel yr ydym yn ei wneud
and only then could she see the earth as we do
Fodd bynnag, gwnaeth pob un o'r chwiorydd addewid i'w gilydd
However, each of the sisters made each other a promise
byddent yn dweud wrth y lleill beth yr oeddent wedi'i weld
they were going to tell the others what they had seen
Ni allai eu mam-gu ddweud digon wrthynt
Their grandmother could not tell them enough
Roedd cymaint o bethau roedden nhw eisiau gwybod amdanyn nhw
there were so many things they wanted to know about

Mae'r chwaer ieuengaf yn hiraethu am ei throi fwyaf
the youngest sister longed for her turn the most
Ond roedd yn rhaid aros yn hirach na phawb arall
but, she had to wait longer than all the others
Roedd hi mor dawel a meddylgar am y byd
and she was so quiet and thoughtful about the world
Roedd yna lawer o nosweithiau lle roedd hi'n sefyll wrth y ffenestr agored
there were many nights where she stood by the open window
ac edrychodd i fyny drwy'r dŵr glas tywyll
and she looked up through the dark blue water
ac roedd hi'n gwylio'r pysgod wrth iddyn nhw sblasio gyda'u esgyll
and she watched the fish as they splashed with their fins
Roedd hi'n gallu gweld y lleuad a'r sêr yn disgleirio'n lew
She could see the moon and stars shining faintly
Ond o ddwfn o dan y dŵr mae'r pethau hyn yn edrych yn wahanol
but from deep below the water these things look different
Roedd y lleuad a'r sêr yn edrych yn fwy nag y maen nhw'n

ei wneud i'n llygaid ni.
the moon and stars looked larger than they do to our eyes
weithiau, aeth rhywbeth fel cwmwl du heibio
sometimes, something like a black cloud went past
Roedd hi'n gwybod y gallai fod yn forfil yn nofio dros ei phen
she knew that it could be a whale swimming over her head
neu gallai fod yn llong, yn llawn bodau dynol
or it could be a ship, full of human beings
bodau dynol nad oeddent yn gallu dychmygu beth oedd o danynt
human beings who couldn't imagine what was under them
môr-forwyn fach bert yn dal ei dwylo gwyn allan
a pretty little mermaid holding out her white hands
môr-forwyn fach bert yn cyrraedd tuag at eu llong
a pretty little mermaid reaching towards their ship

daeth y diwrnod pan gafodd yr hynaf ei phen-blwydd yn bymtheg oed
the day came when the eldest had her fifteenth birthday
Nawr cafodd ei chaniatáu i godi i wyneb y cefnfor
now she was allowed to rise to the surface of the ocean
a'r noson honno fe wnaeth hi nofio i'r wyneb
and that night she swum up to the surface
Gallwch ddychmygu popeth a welodd hi yno
you can imagine all the things she saw up there
a gallwch ddychmygu'r holl bethau yr oedd yn rhaid iddi siarad amdanynt
and you can imagine all the things she had to talk about
Ond y peth gorau, meddai, oedd gorwedd ar fanc tywod
But the finest thing, she said, was to lie on a sand bank
yn y môr tawel, ger y lan
in the quiet moonlit sea, near the shore
Oddi yno yr oedd wedi syllu ar y goleuadau ar y tir
from there she had gazed at the lights on the land
goleuni ar y dref gerllaw

they were the lights of the near-by town
Roedd y golau wedi gefeillio fel cannoedd o sêr
the lights had twinkled like hundreds of stars
Roedd hi wedi gwrando ar seiniau cerddoriaeth o'r dref
she had listened to the sounds of music from the town
Roedd hi wedi clywed sŵn cerbydau wedi'u tynnu gan eu ceffylau
she had heard noise of carriages drawn by their horses
Roedd hi wedi clywed lleisiau bodau dynol
and she had heard the voices of human beings
a'r oedd wedi clywed pealing llawen o'r clychau
and the had heard merry pealing of the bells
Mae'r clychau'n canu yn steeples yr eglwys
the bells ringing in the church steeples
Ond ni allai hi fynd yn agos at yr holl bethau rhyfeddol hyn
but she could not go near all these wonderful things
Felly roedd hi'n dyheu am y pethau rhyfeddol hyn yn fwy
so she longed for these wonderful things all the more

Gallwch ddychmygu pa mor eiddgar y clywodd y chwaer ieuengaf
you can imagine how eagerly the youngest sister listened
roedd y disgrifiadau o'r byd uchaf fel breuddwyd
the descriptions of the upper world were like a dream
Wedi hynny safodd wrth ffenestr agored ei hystafell
afterwards she stood at the open window of her room
ac edrychodd i'r wyneb, drwy'r dŵr tywyll glas
and she looked to the surface, through the dark-blue water
Roedd hi'n meddwl am y ddinas fawr roedd ei chwaer wedi dweud wrthi am
she thought of the great city her sister had told her of
y ddinas fawr gyda'i holl brysurdeb a sŵn
the great city with all its bustle and noise
Roedd hi hyd yn oed yn ffansio ei bod hi'n gallu clywed sŵn y clychau.
she even fancied she could hear the sound of the bells

dychmygodd eu sŵn yn cael ei gario i ddyfnderoedd y môr
she imagined their sound carried to the depths of the sea

Ar ôl blwyddyn arall cafodd yr ail chwaer ei phen-blwydd
after another year the second sister had her birthday
Cafodd hi hefyd ganiatâd i godi i'r wyneb
she too received permission to rise to the surface
ac oddi yno y gallai nofio o gwmpas lle roedd hi'n plesio
and from there she could swim about where she pleased
Roedd hi wedi mynd i'r wyneb yn union fel roedd yr haul yn machlud
She had gone to the surface just as the sun was setting
Dyma oedd yr olygfa harddaf o'r holl
this, she said, was the most beautiful sight of all
Roedd yr awyr gyfan yn edrych fel disg o aur pur
The whole sky looked like a disk of pure gold
ac yr oedd yna gymylau fioled a rhosyn
and there were violet and rose-colored clouds
Roedden nhw'n rhy brydferth i'w disgrifio, meddai
they were too beautiful to describe, she said
A hi a ddywedodd fel y lluwchfeydd y cymylau ar draws yr awyr
and she said how the clouds drifted across the sky
ac roedd rhywbeth wedi hedfan yn gyflymach na'r cymylau
and something had flown by more swiftly than the clouds
Hedfanodd haid fawr o elyrch gwyllt tuag at yr haul yn machlud
a large flock of wild swans flew toward the setting sun
Roedd yr elyrch wedi bod fel gorchudd gwyn hir ar draws y môr
the swans had been like a long white veil across the sea
Roedd hi hefyd wedi ceisio nofio tuag at yr haul
She had also tried to swim towards the sun
ond gryn bellter i ffwrdd suddodd yr haul i'r tonnau
but some distance away the sun sank into the waves
Gwelodd sut y diflannodd y tuntiau rosy o'r cymylau

she saw how the rosy tints faded from the clouds
a gwelodd sut roedd y lliw hefyd wedi pylu o'r môr
and she saw how the colour had also faded from the sea

Y flwyddyn ganlynol, tro'r drydedd chwaer oedd hi
the next year it was the third sister's turn
Y chwaer hon oedd y ieuengaf o'r chwiorydd i gyd
this sister was the boldest of all the sisters
hi a gyfododd afon lydan a oedd yn gwagio i'r môr
she swam up a broad river that emptied into the sea
Ar lannau'r afon gwelodd fryniau gwyrdd
On the banks of the river she saw green hills
Roedd y bryniau gwyrdd wedi'u gorchuddio â gwinwydd hardd
the green hills were covered with beautiful vines
ac ar y bryniau roedd coedwigoedd o goed
and on the hills there were forests of trees
ac allan o'r coedwigoedd palasau a chestyll yn rhuthro allan
and out of the forests palaces and castles poked out
Roedd hi wedi clywed adar yn canu yn y coed
She had heard birds singing in the trees
ac roedd hi wedi teimlo pelydrau'r haul ar ei chroen
and she had felt the rays of the sun on her skin
Roedd y pelydrau mor gryf nes bod yn rhaid iddi blymio'n ôl
the rays were so strong that she had to dive back
ac fe oerodd ei hwyneb yn y dŵr oer
and she cooled her burning face in the cool water
Mewn cilfach gul daeth o hyd i grŵp o blant bach
In a narrow creek she found a group of little children
Nhw oedd y plant dynol cyntaf a welodd erioed
they were the first human children she had ever seen
Roedd hi hefyd eisiau chwarae gyda'r plant
She wanted to play with the children too
Ond ffodd y plant oddi wrthi mewn dychryn mawr
but the children fled from her in a great fright

ac yna daeth anifail du bach i'r dŵr
and then a little black animal came to the water
ci oedd e, ond doedd hi ddim yn gwybod ei fod yn gi
it was a dog, but she did not know it was a dog
am nad oedd hi erioed wedi gweld ci o'r blaen
because she had never seen a dog before
ac mae'r ci cyfarth yn y môr-forwyn furiously
and the dog barked at the mermaid furiously
Daeth ofn arni a rhuthrodd yn ôl i'r môr agored
she became frightened and rushed back to the open sea
Ond dywedodd na ddylai fyth anghofio'r goedwig hardd
But she said she should never forget the beautiful forest
Y bryniau gwyrdd a'r plant hardd
the green hills and the pretty children
Roedd hi'n ei chael hi'n eithriadol o ddoniol sut y
gwnaethon nhw nofio
she found it exceptionally funny how they swam
oherwydd nad oedd gan y plant bach dynol gynffonnau
because the little human children didn't have tails
felly gyda'u coesau bach fe gicion nhw'r dŵr
so with their little legs they kicked the water

Roedd y bedwaredd chwaer yn fwy digalon na'r olaf
The fourth sister was more timid than the last
Penderfynodd aros yng nghanol y môr
She had decided to stay in the midst of the sea
Ond dywedodd ei bod mor brydferth yno ag yn nes at y tir
but she said it was as beautiful there as nearer the land
o'r wyneb roedd hi'n gallu gweld milltiroedd lawer o'i
chwmpas hi
from the surface she could see many miles around her
Roedd yr awyr uwch ei phen yn edrych fel cloch o wydr
the sky above her looked like a bell of glass
ac roedd hi wedi gweld y llongau yn hwylio heibio
and she had seen the ships sail by
ond roeddent yn bell iawn oddi wrth ei

but they were at a very great distance from her
A, gyda'u hwyliau, roedden nhw'n edrych fel gwylanod môr
and, with their sails, they looked like sea gulls
Gwelodd sut roedd y dolffiniaid yn chwarae yn y tonnau
she saw how the dolphins played in the waves
a morfilod mawr yn gollwng dŵr o'u ffroenau
and great whales spouted water from their nostrils
fel can ffynnon i gyd yn chwarae gyda'i gilydd
like a hundred fountains all playing together

Pen-blwydd y pumed chwaer yn y gaeaf
The fifth sister's birthday occurred in the winter
a gwelodd bethau nad oedd y lleill wedi eu gweld
so she saw things that the others had not seen
Yr adeg hon o'r flwyddyn roedd y môr yn edrych yn wyrdd
at this time of the year the sea looked green
Roedd mynyddoedd iâ mawr yn arnofio ar y dŵr gwyrdd
large icebergs were floating on the green water
ac roedd pob mynydd iâ yn edrych fel perlog, meddai
and each iceberg looked like a pearl, she said
ond yr oeddynt yn fwy ac yn uwch na'r eglwysi
but they were larger and loftier than the churches
ac roeddent o'r siapiau mwyaf diddorol
and they were of the most interesting shapes
a phob mynydd iâ yn disgleirio fel diemwntau
and each iceberg glittered like diamonds
Roedd hi wedi eistedd ar un o'r mynyddoedd iâ
She had seated herself on one of the icebergs
a hi a adawodd i'r gwynt chwarae gyda'i gwallt hir
and she let the wind play with her long hair
Sylwodd ar rywbeth diddorol am y llongau
She noticed something interesting about the ships
Hwyliodd yr holl longau heibio'r mynyddoedd iâ yn gyflym iawn
all the ships sailed past the icebergs very rapidly
ac maent yn gyrru i ffwrdd cyn belled ag y gallent

and they steered away as far as they could
Roedd fel pe baent yn ofni'r mynydd iâ
it was as if they were afraid of the iceberg
Arhosodd allan ar y môr gyda'r nos
she stayed out at sea into the evening
Aeth yr haul i lawr a chymylau tywyll yn gorchuddio'r awyr
the sun went down and dark clouds covered the sky
Mae'r taranau rolio ar draws y môr o fynyddoedd iâ
the thunder rolled across the ocean of icebergs
a'r fflachiadau mellt yn disgleirio'n goch ar y mynyddoedd iâ
and the flashes of lightning glowed red on the icebergs
ac fe'u drylliwyd gan y môr heaving
and they were tossed about by the heaving sea
yr holl longau yr hwyliau yn crynu gydag ofn
all the ships the sails were trembling with fear
Ac eisteddodd y môr-forwyn yn dawel ar y mynydd iâ arnofiol
and the mermaid sat calmly on the floating iceberg
Gwyliodd y mellt yn taro i'r môr
she watched the lightning strike into the sea

Roedd ei chwiorydd i gyd wedi tyfu i fyny erbyn hyn
All of her five older sisters had grown up now
felly gallent fynd i'r wyneb pan fyddant yn plesio
therefore they could go to the surface when they pleased
Ar y dechrau roeddent wrth eu bodd â'r byd wyneb
at first they were delighted with the surface world
Doedden nhw ddim yn gallu cael digon o'r golygfeydd newydd a hardd
they couldn't get enough of the new and beautiful sights
ond yn y diwedd fe dyfon nhw i gyd yn ddifater tuag ato
but eventually they all grew indifferent towards it
Ac ar ôl mis wnaethon nhw ddim ymweld rhyw lawer o gwbl bellach
and after a month they didn't visit much at all anymore

Dywedon nhw wrth eu chwaer ei bod yn llawer mwy prydferth yn y cartref
they told their sister it was much more beautiful at home

Eto yn aml, yn ystod oriau'r nos, roeddent yn mynd i fyny
Yet often, in the evening hours, they did go up
Roedd y pum chwaer yn gefeillio eu breichiau am ei gilydd
the five sisters twined their arms about each other
A chyda'i gilydd, yn fraich mewn braich, fe wnaethant godi i'r wyneb
and together, arm in arm, they rose to the surface
yn aml fe aethon nhw i fyny pan oedd storm yn agosáu
often they went up when there was a storm approaching
Roeddent yn ofni y gallai'r storm ennill llong
they feared that the storm might win a ship
Felly dyma nhw'n nofio i'r llong ac yn canu i'r morwyr
so they swam to the vessel and sung to the sailors
Roedd eu lleisiau'n fwy swynol na llais unrhyw ddynolryw
Their voices were more charming than that of any human
Ac maent yn erfyn ar y morwyr i beidio ag ofni os ydynt yn suddo
and they begged the voyagers not to fear if they sank
oherwydd yr oedd dyfnderoedd y môr yn llawn hyfrydwch
because the depths of the sea was full of delights
Ond doedd y morwyr ddim yn gallu deall eu caneuon
But the sailors could not understand their songs
ac roedden nhw'n meddwl mai eu canu oedd ocheneidiau'r storm
and they thought their singing was the sighing of the storm
felly nid oedd eu caneuon byth yn brydferth i'r morwyr
therefore their songs were never beautiful to the sailors
oherwydd pe bai'r llong yn suddo, byddai'r dynion yn boddi
because if the ship sank the men would drown
ni chafodd y meirw ddim o balas y Sea King
the dead gained nothing from the palace of the Sea King
Ond gadawyd eu chwaer ieuengaf ar waelod y môr

but their youngest sister was left at the bottom of the sea
Wrth edrych arnynt, roedd hi'n barod i grio
looking up at them, she was ready to cry
Dylech wybod nad oes gan môr-forynion ddagrau y gallant grio
you should know mermaids have no tears that they can cry
felly roedd ei phoen a'i dioddefaint yn fwy llym na'n poen ni
so her pain and suffering was more acute than ours
"Hoffwn pe bawn i hefyd yn bymtheg oed!" meddai hi.
"Oh, I wish I was also fifteen years old!" said she
"Rwy'n gwybod y byddaf yn caru'r byd i fyny yno"
"I know that I shall love the world up there"
"Byddaf yn caru'r holl bobl sy'n byw yn y byd hwnnw."
"and I shall love all the people who live in that world"

Ond, o'r diwedd, cyrhaeddodd hithau ei pymthegfed flwyddyn
but, at last, she too reached her fifteenth year
"Wel, nawr rydych chi wedi tyfu i fyny," meddai ei mam-gu
"Well, now you are grown up," said her grandmother
"Dewch, gadewch imi eich addurno fel eich chwiorydd"
"Come, and let me adorn you like your sisters"
A gosododd torch o lilïau gwyn yn ei gwallt
And she placed a wreath of white lilies in her hair
roedd pob petal o'r lili'n hanner perl
every petal of the lilies was half a pearl
Yna, gorchmynnodd yr hen wraig wyth wystrys mawr i ddod
Then, the old lady ordered eight great oysters to come
Mae'r wystrys ynghlwm wrth gynffon y dywysoges
the oysters attached themselves to the tail of the princess
O dan y môr oysters yn cael eu defnyddio i ddangos eich rheng
under the sea oysters are used to show your rank
"Ond fe wnaethon nhw fy mrifo i hynny," meddai'r môr-forwyn fach

"But they hurt me so," said the little mermaid
"Ydw, rwy'n gwybod bod wystrys yn brifo," atebodd yr hen wraig
"Yes, I know oysters hurt," replied the old lady
"Ond rydych chi'n gwybod yn iawn bod yn rhaid i falchder ddioddef poen"
"but you know very well that pride must suffer pain"
pa mor hapus y byddai hi wedi ysgwyd yr holl fawredd hwn
how gladly she would have shaken off all this grandeur
Byddai hi wedi bod wrth ei bodd yn rhoi'r torch drom o'r neilltu!
she would have loved to lay aside the heavy wreath!
Roedd hi'n meddwl am y blodau coch yn ei gardd ei hun
she thought of the red flowers in her own garden
Byddai'r blodau coch wedi ei siwtio hi'n llawer gwell
the red flowers would have suited her much better
Ond doedd hi ddim yn gallu newid ei hun yn rhywbeth arall
But she could not change herself into something else
felly dywedodd ffarwelio â'i mam-gu a'i chwiorydd
so she said farewell to her grandmother and sisters
Ac, mor ysgafn â swigen, cododd i'r wyneb
and, as lightly as a bubble, she rose to the surface

Roedd yr haul newydd fachlud pan gododd ei phen uwchben y tonnau
The sun had just set when she raised her head above the waves
Roedd y cymylau wedi'u tintio â maen ac aur o'r machlud
The clouds were tinted with crimson and gold from the sunset
a thrwy'r cyfnos disglair trawstiodd seren y noson
and through the glimmering twilight beamed the evening star
Roedd y môr yn dawel, ac roedd awyr y môr yn ysgafn ac yn ffres
The sea was calm, and the sea air was mild and fresh
Mae llong fawr gyda thri mast yn tawelu ar y dŵr

A large ship with three masts lay becalmed on the water
dim ond un hwyliodd, am nad oedd awel yn cynhyrfu
only one sail was set, for not a breeze stirred
a'r morwyr yn eistedd yn segur ar y dec, neu yng nghanol y rigio
and the sailors sat idle on deck, or amidst the rigging
Roedd cerddoriaeth a chân ar fwrdd y llong
There was music and song on board of the ship
Wrth i'r tywyllwch ddod roedd cant o lusernau lliw yn cael eu goleuo
as darkness came a hundred colored lanterns were lighted
Roedd fel petai baneri'r holl genhedloedd yn chwifio yn yr awyr
it was as if the flags of all nations waved in the air

Mae'r môr-forwyn fach yn swatio yn agos at y ffenestri caban
The little mermaid swam close to the cabin windows
yn awr ac yna y tonnau y môr codi hi i fyny
now and then the waves of the sea lifted her up
Gallai edrych i mewn drwy'r ffenestri gwydr
she could look in through the glass window-panes
ac roedd hi'n gallu gweld nifer o bobl wedi gwisgo rhyfedd
and she could see a number of curiously dressed people
Ymhlith y bobl roedd hi'n gallu gweld roedd tywysog ifanc
Among the people she could see there was a young prince
Y Tywysog oedd y mwyaf prydferth ohonynt i gyd
the prince was the most beautiful of them all
Nid oedd erioed wedi gweld unrhyw un â llygaid mor hardd
she had never seen anyone with such beautiful eyes
Hwn oedd dathliad ei ben-blwydd yn un ar bymtheg oed
it was the celebration of his sixteenth birthday
Roedd y morwyr yn dawnsio ar ddec y llong
The sailors were dancing on the deck of the ship
Roedd pawb yn bloeddio pan ddaeth y tywysog allan o'r caban

all cheered when the prince came out of the cabin
a mwy na chant o rocedi yn codi i'r awyr
and more than a hundred rockets rose into the air
Am beth amser roedd y tân gwyllt yn gwneud yr awyr mor llachar â dydd.
for some time the fireworks made the sky as bright as day
Wrth gwrs doedd ein môr-forwyn ifanc erioed wedi gweld tân gwyllt o'r blaen
of course our young mermaid had never seen fireworks before
Wedi'i dychryn gan yr holl sŵn, fe blymiodd yn ôl o dan ddŵr
startled by all the noise, she dived back under water
ond yn fuan eto estynnodd ei phen allan
but soon she again stretched out her head
yr oedd fel pe bai holl sêr y nefoedd yn syrthio o'i hamgylch
it was as if all the stars of heaven were falling around her
Hedfanodd Fireflies ysblennydd i fyny i'r awyr las
splendid fireflies flew up into the blue air
Ac adlewyrchwyd popeth yn y môr clir, tawel
and everything was reflected in the clear, calm sea
Goleuwyd y llong ei hun yn llachar gan yr holl olau
The ship itself was brightly illuminated by all the light
Roedd hi'n gallu gweld yr holl bobl a hyd yn oed y rhaff leiaf
she could see all the people and even the smallest rope
Mor golygus oedd y tywysog ifanc yn edrych yn diolch i'w westeion!
How handsome the young prince looked thanking his guests!
a'r gerddoriaeth yn atseinio drwy'r awyr nos glir!
and the music resounded through the clear night air!

Parhaodd dathliadau'r pen-blwydd yn hwyr i'r nos
the birthday celebrations lasted late into the night
Ond ni allai'r môr-forwyn fach gymryd ei llygaid o'r llong
but the little mermaid could not take her eyes from the ship
Ac ni allai hi gymryd ei llygaid oddi wrth y tywysog hardd

nor could she take her eyes from the beautiful prince
Roedd y llusernau lliw bellach wedi'u diffodd
The colored lanterns had now been extinguished
ac nid oedd mwy o rocedi a gododd i'r awyr
and there were no more rockets that rose into the air
Roedd canon y llong hefyd wedi rhoi'r gorau i danio
the cannon of the ship had also ceased firing
ond yn awr y môr a aeth yn aflonydd
but now it was the sea that became restless
Gellid clywed sŵn ymryson, gwallgo, o dan y tonnau
a moaning, grumbling sound could be heard beneath the waves
Ac eto, arhosodd y môr-forwyn fach ger ffenestr y caban
and yet, the little mermaid remained by the cabin window
Roedd hi'n siglo i fyny ac i lawr ar y dŵr
she was rocking up and down on the water
er mwyn iddi allu parhau i edrych i mewn i'r llong
so that she could keep looking into the ship
Ar ôl ychydig, gosodwyd yr hwyliau yn gyflym
After a while the sails were quickly set
Ac aeth y llong ar ei ffordd yn ôl i Port
and the ship went on her way back to port

Ond yn fuan fe gododd y tonnau'n uwch ac yn uwch
But soon the waves rose higher and higher
cymylau tywyll, trwm tywyllu awyr y nos
dark, heavy clouds darkened the night sky
ac ymddangosai fflachiadau mellt yn y pellter
and there appeared flashes of lightning in the distance
Heb fod ymhell i ffwrdd roedd storm ofnadwy yn agosáu
not far away a dreadful storm was approaching
Unwaith eto, gostyngwyd yr hwyliau yn erbyn y gwynt
Once more the sails were lowered against the wind
A'r llong fawr yn dilyn ei chwrs dros y môr cynddeiriog
and the great ship pursued her course over the raging sea
Cododd y tonnau mor uchel â'r mynyddoedd

The waves rose as high as the mountains
byddai rhywun wedi meddwl y byddai'r tonnau wedi cael y llong
one would have thought the waves would have had the ship
Ond plymiodd y llong fel swan rhwng y tonnau
but the ship dived like a swan between the waves
Yna cododd eto ar eu cribau uchel, ewynnog
then she rose again on their lofty, foaming crests
I'r môr-forwyn fach roedd hyn yn gamp ddymunol
To the little mermaid this was pleasant sport
ond nid chwaraeon dymunol oedd hi i'r morwyr
but it was not pleasant sport to the sailors
Roedd y llong yn gwneud synau griddfan a chreaduriaid ofnadwy
the ship made awful groaning and creaking sounds
a thorrodd y tonnau dros y dec dro ar ôl tro
and the waves broke over the deck again and again
ildiodd y planciau trwchus o dan lashio'r môr
the thick planks gave way under the lashing of the sea
O dan y pwysau cipiodd y prif mast asunder, fel cyrs
under the pressure the mainmast snapped asunder, like a reed
Ac, wrth i'r llong orwedd ar ei hochr, rhuthrodd y dŵr i mewn
and, as the ship lay over on her side, the water rushed in

Sylweddolodd y môr-forwyn fach fod y criw mewn perygl
The little mermaid realized that the crew were in danger
Nid oedd ei sefyllfa ei hun heb berygl ychwaith
her own situation wasn't without danger either
Roedd yn rhaid iddi osgoi'r trawstiau a'r planciau wedi'u gwasgaru yn y dŵr
she had to avoid the beams and planks scattered in the water
Am ennyd trodd popeth yn dywyllwch llwyr
for a moment everything turned into complete darkness
Ac ni allai'r môr-forwyn fach weld lle roedd hi'n
and the little mermaid could not see where she was

Ond yna fflach o fellten yn datgelu'r olygfa gyfan
but then a flash of lightning revealed the whole scene
Roedd hi'n gallu gweld bod pawb yn dal i fod ar fwrdd y llong
she could see everyone was still on board of the ship
Wel, roedd pawb ar fwrdd y llong, ac eithrio'r tywysog
well, everyone was on board of the ship, except the prince
Aeth y llong ymlaen ar ei ffordd i'r tir
the ship continued on its path to the land
a gwelodd y tywysog yn suddo i'r tonnau dwfn
and she saw the prince sink into the deep waves
Am eiliad roedd hyn yn ei gwneud hi'n hapusach nag y dylai fod wedi
for a moment this made her happier than it should have
Nawr ei fod yn y môr gallai fod gydag ef
now that he was in the sea she could be with him
Yna cofiodd am derfynau bodau dynol
Then she remembered the limits of human beings
dydy pobl y tir ddim yn gallu byw yn y dŵr
the people of the land cannot live in the water
Pe byddai'n cyrraedd y palas byddai eisoes wedi marw
if he got to the palace he would already be dead
"Na, ni ddylai farw!" penderfynodd
"No, he must not die!" she decided
Mae hi'n anghofio unrhyw bryder am ei diogelwch ei hun
she forget any concern for her own safety
a hi a nofiodd trwy'r trawstiau a'r planciau
and she swam through the beams and planks
Gallai dwy belydryn ei gwasgu yn hawdd i ddarnau
two beams could easily crush her to pieces
Mae hi'n dofio'n ddwfn o dan y dyfroedd tywyll
she dove deep under the dark waters
Cododd popeth a syrthio gyda'r tonnau
everything rose and fell with the waves
Yn olaf, llwyddodd i gyrraedd y Tywysog ifanc
finally, she managed to reach the young prince

Roedd yn prysur golli'r pŵer i nofio yn y môr stormus
he was fast losing the power to swim in the stormy sea
Roedd ei goesau'n dechrau ei fethu
His limbs were starting to fail him
a'i lygaid hardd wedi cau
and his beautiful eyes were closed
byddai wedi marw pe na bai'r môr-forwyn fach yn dod
he would have died had the little mermaid not come
Daliodd ei phen uwchben y dŵr
She held his head above the water
a gadewch i'r tonnau eu cario lle roedden nhw eisiau
and let the waves carry them where they wanted

Yn y bore roedd y storm wedi dod i ben
In the morning the storm had ceased
ond o'r llong ni ellid gweld un darn
but of the ship not a single fragment could be seen
Daeth yr haul i fyny, yn goch ac yn disgleirio, allan o'r dŵr
The sun came up, red and shining, out of the water
Cafodd pelydrau'r haul effaith iachau ar y tywysog
the sun's beams had a healing effect on the prince
dychwelodd yr arlliw iechyd i fochau'r tywysog
the hue of health returned to the prince's cheeks
Ond er gwaethaf yr haul, roedd ei lygaid yn dal ar gau
but despite the sun, his eyes remained closed
Roedd y môr-forwyn yn cusanu ei dalcen uchel, llyfn
The mermaid kissed his high, smooth forehead
ac mae hi'n taro'i wallt gwlyb yn ôl
and she stroked back his wet hair
Roedd yn ymddangos iddi fel y cerflun marmor yn ei gardd
He seemed to her like the marble statue in her garden
Hi a gusanodd ef drachefn, ac a dymunodd ei fyw ef.
so she kissed him again, and wished that he lived

Ar hyn o bryd, daethant i weld y tir
Presently, they came in sight of land

a gwelodd fynyddoedd glas uchel ar y gorwel
and she saw lofty blue mountains on the horizon
Ar ben y mynyddoedd roedd yr eira gwyn yn gorffwys
on top of the mountains the white snow rested
fel petai diadell o elyrch yn gorwedd arnynt
as if a flock of swans were lying upon them
Roedd coedwigoedd gwyrdd hardd ger y lan
Beautiful green forests were near the shore
ac yn agos yno saif adeilad mawr
and close by there stood a large building
Gallai fod wedi bod yn eglwys neu'n ddarlith
it could have been a church or a convent
Ond roedd hi'n dal yn rhy bell i fod yn sicr
but she was still too far away to be sure
Tyfodd coed oren a citron yn yr ardd
Orange and citron trees grew in the garden
a chyn i'r drws sefyll cledrau uchel
and before the door stood lofty palms
Mae'r môr yma yn ffurfio bae bach
The sea here formed a little bay
yn y bae roedd y dŵr yn gorwedd yn dawel ac yn dal i fod
in the bay the water lay quiet and still
Ond er bod y dŵr yn llonydd, roedd yn ddwfn iawn
but although the water was still, it was very deep
Nofiodd gyda'r tywysog golygus i'r traeth
She swam with the handsome prince to the beach
Roedd y traeth wedi'i orchuddio â thywod gwyn mân
the beach was covered with fine white sand
Ac yno fe'i gosododd yn yr heulwen gynnes
and there she laid him in the warm sunshine
Roedd hi'n gofalu codi ei phen yn uwch na'i gorff
she took care to raise his head higher than his body
Yna clychau'n seinio yn yr adeilad mawr gwyn
Then bells sounded in the large white building
Daeth rhai merched ifanc i mewn i'r ardd
some young girls came into the garden

Mae'r môr-forwyn fach yn nofio allan ymhellach o'r lan
The little mermaid swam out farther from the shore
Cuddiodd ei hun ymhlith creigiau uchel yn y dŵr
she hid herself among some high rocks in the water
Gorchuddiodd ei phen a'i gwddf ag ewyn y môr
she Covered her head and neck with the foam of the sea
Ac roedd hi'n gwylio i weld beth fyddai'n dod o'r tywysog tlawd
and she watched to see what would become of the poor prince

Nid oedd yn hir cyn iddi weld merch ifanc yn agosáu.
It was not long before she saw a young girl approach
Roedd y ferch ifanc yn ymddangos yn ofnus, ar y dechrau
the young girl seemed frightened, at first
Ond dim ond am eiliad y parhaodd ei hofn.
but her fear only lasted for a moment
Yna daeth â nifer o bobl drosodd
then she brought over a number of people
A gwelodd y môr-forwyn fod y tywysog wedi dod yn fyw eto
and the mermaid saw that the prince came to life again
Roedd yn gwenu ar y rhai oedd yn sefyll o'i gwmpas
he smiled upon those who stood around him
Ond at y môr-forwyn fach anfonodd y tywysog unrhyw wên
But to the little mermaid the prince sent no smile
Nid oedd yn gwybod ei fod wedi ei achub
he knew not that she had saved him
Gwnaeth hyn y môr-forwyn fach yn drist iawn
This made the little mermaid very sorrowful
Yna cafodd ei arwain i ffwrdd i'r adeilad mawr
and then he was led away into the great building
a'r môr-forwyn fach wedi plymio i lawr i'r dŵr
and the little mermaid dived down into the water
a hi a ddychwelodd i gastell ei thad
and she returned to her father's castle

Hi oedd y mwyaf tawel a meddylgar erioed.
She had always been the most silent and thoughtful
Erbyn hyn roedd hi'n fwy tawel a meddylgar nag erioed
and now she was more silent and thoughtful than ever
Gofynnodd ei chwiorydd iddi beth yr oedd hi wedi'i weld ar ei hymweliad cyntaf.
Her sisters asked her what she had seen on her first visit
ond ni allai hi ddweud dim wrthynt am yr hyn yr oedd wedi ei weld
but she could tell them nothing of what she had seen
Llawer nos a bore dychwelodd i'r wyneb
Many an evening and morning she returned to the surface
A hi a aeth i'r man lle yr adawsai hi y tywysog
and she went to the place where she had left the prince
Gwelodd hi'r ffrwythau yn yr ardd yn aeddfedu
She saw the fruits in the garden ripen
a gwelodd y ffrwythau a gasglwyd o'u coed
and she watched the fruits gathered from their trees
Roedd hi'n gwylio'r eira ar gopaon y mynydd yn toddi i ffwrdd
she watched the snow on the mountain tops melt away
Ond ar ddim o'i hymweliadau a welodd y Tywysog eto
but on none of her visits did she see the prince again
ac felly roedd hi bob amser yn dychwelyd yn fwy galarus nag o'r blaen
and therefore she always returned more sorrowful than before

Ei unig gysur oedd eistedd yn ei gardd fach ei hun
her only comfort was sitting in her own little garden
Mae hi'n cydio ei breichiau o amgylch y cerflun marmor hardd
she flung her arms around the beautiful marble statue
y cerflun a oedd yn edrych yn union fel y tywysog
the statue which looked just like the prince
Roedd hi wedi rhoi'r gorau i'w blodau
She had given up tending to her flowers

a thyfodd ei gardd mewn dryswch gwyllt
and her garden grew in wild confusion
gefeillio eu dail hir a'u coesau o amgylch y coed
they twinied their long leaves and stems round the trees
er mwyn i'r ardd gyfan ddod yn dywyll ac yn dywyll
so that the whole garden became dark and gloomy

Yn y diwedd ni allai ei ddwyn mwyach
eventually she could bear it no longer
Ac fe ddywedodd hi wrth un o'i chwiorydd i gyd am y peth
and she told one of her sisters all about it
yn fuan clywodd y chwiorydd eraill y gyfrinach
soon the other sisters heard the secret
ac yn fuan iawn daeth ei chyfrinach yn hysbys i sawl morwyn
and very soon her secret became known to several maids
Roedd gan un o'r morwynion ffrind a oedd yn gwybod am y Tywysog
one of the maids had a friend who knew about the prince
Roedd hi hefyd wedi gweld yr ŵyl ar fwrdd y llong
She had also seen the festival on board the ship
a hi a ddywedodd wrthynt o ba le y daeth y tywysog o
and she told them where the prince came from
a hi a fynegodd iddynt lle yr oedd ei dŷ ef yn sefyll
and she told them where his palace stood

"Dewch, chwaer fach," meddai'r tywysogesau eraill
"Come, little sister," said the other princesses
Roedden nhw'n ysgwyd eu breichiau ac yn codi gyda'i gilydd
they entwined their arms and rose up together
aethant yn agos at y man lle safai palas y tywysog
they went near to where the prince's palace stood
Adeiladwyd y palas o garreg llachar melyn, disglair
the palace was built of bright-yellow, shining stone
Ac roedd gan y palas hediadau hir o gamau marmor

and the palace had long flights of marble steps
Un o'r grisiau a gyrhaeddwyd i lawr i'r môr
one of the flights of steps reached down to the sea
Cododd cwpanolas wedi'u sgleinio dros y to
Splendid gilded cupolas rose over the roof
Amgylchynwyd yr adeilad cyfan gan bileri
the whole building was surrounded by pillars
a rhwng y pileri safai cerfluniau lifelike o farmor
and between the pillars stood lifelike statues of marble
Gallent weld trwy grisial glir y ffenestri
they could see through the clear crystal of the windows
a gallent edrych i mewn i'r ystafelloedd bonheddig
and they could look into the noble rooms
llenni sidan costus a tapestries hongian o'r nenfwd
costly silk curtains and tapestries hung from the ceiling
ac roedd y waliau wedi'u gorchuddio â phaentiadau hardd
and the walls were covered with beautiful paintings
Yng nghanol y salon mwyaf roedd ffynnon
In the centre of the largest salon was a fountain
Taflodd y ffynnon ei jetiau pefriog yn uchel i fyny
the fountain threw its sparkling jets high up
y dŵr yn sblasio ar gwpanola gwydr y nenfwd
the water splashed onto the glass cupola of the ceiling
a'r haul yn disgleirio trwy'r dŵr
and the sun shone in through the water
a'r dŵr yn sblasio ar y planhigion o amgylch y ffynnon
and the water splashed on the plants around the fountain

Nawr roedd y môr-forwyn fach yn gwybod ble roedd y tywysog yn byw
Now the little mermaid knew where the prince lived
Felly treuliodd lawer noson ar y dyfroedd hynny
so she spent many a night on those waters
Aeth yn fwy dewr nag oedd ei chwiorydd
she got more courageous than her sisters had been
a hi a nofiodd yn agos i'r lan o lawer nag yr oeddynt wedi

and she swam much nearer the shore than they had
Unwaith iddi fynd i fyny'r sianel gul, o dan y balconi marmor
once she went up the narrow channel, under the marble balcony
Taflodd y balconi gysgod eang ar y dŵr
the balcony threw a broad shadow on the water
Yma eisteddodd a gwylio'r tywysog ifanc
Here she sat and watched the young prince
Roedd e, wrth gwrs, yn meddwl ei fod ar ei ben ei hun yng ngolau'r lleuad llachar
he, of course, thought he was alone in the bright moonlight

Roedd hi'n aml yn ei weld gyda'r nosweithiau, yn hwylio mewn cwch hardd
She often saw him evenings, sailing in a beautiful boat
cerddoriaeth yn seinio o'r cwch a'r baneri yn chwifio
music sounded from the boat and the flags waved
Lusgodd allan o blith y rhuthrau gwyrdd
She peeped out from among the green rushes
Ar adegau, daliodd y gwynt ei gorchudd arian-gwyn hir
at times the wind caught her long silvery-white veil
credai'r rhai a'i gwelodd ei fod yn swan
those who saw it believed it to be a swan
Roedd ganddo holl ymddangosiad alarch yn lledu ei adenydd
it had all the appearance of a swan spreading its wings

Llawer y noson, hefyd, gwyliodd y pysgotwyr yn gosod eu rhwydi
Many a night, too, she watched the fishermen set their nets
maent yn taflu eu rhwydi yng ngoleuni eu ffaglau
they cast their nets in the light of their torches
A hi a'u clywsant hwy yn dywedyd llawer o bethau da am y tywysog
and she heard them tell many good things about the prince

Roedd hyn yn ei gwneud hi'n falch ei bod wedi achub ei fywyd
this made her glad that she had saved his life
pan gafodd ei daflu tua hanner wedi marw ar y tonnau
when he was tossed around half dead on the waves
Roedd hi'n cofio sut roedd ei ben wedi gorffwys ar ei mynwes
She remembered how his head had rested on her bosom
ac roedd hi'n cofio mor galonnog oedd hi wedi cusanu
and she remembered how heartily she had kissed him
Ond doedd e ddim yn gwybod dim am bopeth oedd wedi digwydd
but he knew nothing of all that had happened
Ni allai'r tywysog ifanc hyd yn oed freuddwydio am y môr-forwyn fach
the young prince could not even dream of the little mermaid

Tyfodd i fod yn hoffi bodau dynol fwy a mwy
She grew to like human beings more and more
Roedd hi'n dymuno i fwy a mwy allu crwydro eu byd
she wished more and more to be able to wander their world
Roedd eu byd yn ymddangos yn llawer mwy na'i byd ei hun
their world seemed to be so much larger than her own
Gallent hedfan dros y môr mewn llongau
They could fly over the sea in ships
a gallent fynyddu'r bryniau uchel ymhell uwchlaw'r cymylau
and they could mount the high hills far above the clouds
yn eu tiroedd meddianasant goed a chaeau
in their lands they possessed woods and fields
roedd y gwyrddni yn ymestyn y tu hwnt i gyrraedd ei golwg
the greenery stretched beyond the reach of her sight
Roedd hi eisiau gwybod cymaint â hynny!
There was so much that she wished to know!
ond ni allodd ei chwiorydd ateb ei holl gwestiynau
but her sisters were unable to answer all her questions

Yna aeth at ei hen fam-gu am atebion
She then went to her old grandmother for answers
Roedd ei mam-gu yn gwybod popeth am y byd uchaf
her grandmother knew all about the upper world
Galwodd y byd hwn yn "Tiroedd uwchben y Môr"
she rightly called this world "the lands above the sea"

Os nad yw bodau dynol yn cael eu boddi, a allant fyw am byth?
"If human beings are not drowned, can they live forever?"
"Ydyn nhw byth yn marw fel rydyn ni'n ei wneud yma yn y môr?"
"Do they never die, as we do here in the sea?"
'Ie, maen nhw'n marw hefyd,' atebodd yr hen wraig
"Yes, they die too" replied the old lady
"Fel ni, mae'n rhaid iddyn nhw farw hefyd," ychwanegodd ei mam-gu
"like us, they must also die," added her grandmother
"Mae eu bywydau hyd yn oed yn fyrrach na'n rhai ni"
"and their lives are even shorter than ours"
"Rydyn ni'n byw am 300 mlynedd"
"We sometimes live for three hundred years"
"Ond pan fyddwn ni'n peidio â bodoli yma rydyn ni'n troi'n ewyn"
"but when we cease to exist here we become foam"
"Ac rydyn ni'n arnofio ar wyneb y dŵr"
"and we float on the surface of the water"
"Does gennym ni ddim beddau i'r rhai rydyn ni'n eu caru"
"we do not have graves for those we love"
"Ac nid oes gennym eneidiau anfarwol"
"and we have not immortal souls"
"Ar ôl i ni farw, ni fyddwn yn byw byth eto."
"after we die we shall never live again"
"fel y gwymon gwyrdd, unwaith y bydd wedi'i dorri i ffwrdd"
"like the green seaweed, once it has been cut off"

"Ar ôl i ni farw, ni allwn byth ffynnu mwy"
"after we die, we can never flourish more"
"Mae gan fodau dynol, i'r gwrthwyneb, eneidiau"
"Human beings, on the contrary, have souls"
"Hyd yn oed ar ôl iddyn nhw farw, mae eu henaid yn byw am byth."
"even after they're dead their souls live forever"
"Pan fyddwn yn marw mae ein cyrff yn troi at ewyn"
"when we die our bodies turn to foam"
"Pan fyddan nhw'n marw mae eu cyrff yn troi i'r llwch"
"when they die their bodies turn to dust"
"Pan fyddwn ni'n marw rydyn ni'n codi drwy'r dŵr clir, glas"
"when we die we rise through the clear, blue water"
"Pan fyddant yn marw maent yn codi i fyny drwy'r awyr glir, pur"
"when they die they rise up through the clear, pure air"
"Pan fyddwn yn marw nid ydym yn arnofio ymhellach na'r wyneb"
"when we die we float no further than the surface"
"Ond pan maen nhw'n marw maen nhw'n mynd y tu hwnt i'r sêr disglair"
"but when they die they go beyond the glittering stars"
"Rydyn ni'n codi o'r dŵr i'r wyneb"
"we rise out of the water to the surface"
'A dyma ni'n gweld holl dir y ddaear.'
"and we behold all the land of the earth"
"Maen nhw'n codi i ardaloedd dieithr a gogoneddus"
"they rise to unknown and glorious regions"
"Rhanbarthau gogoneddus ac anhysbys na fyddwn byth yn eu gweld"
"glorious and unknown regions which we shall never see"
Mae'r môr-forwyn fach yn galaru ei diffyg enaid
the little mermaid mourned her lack of a soul
"Pam nad ydyn ni wedi anfarwol eneidiau?" gofynnodd y môr-forwyn fach

"Why have not we immortal souls?" asked the little mermaid

"Byddwn yn falch o roi'r holl gannoedd o flynyddoedd sydd gen i"

"I would gladly give all the hundreds of years that I have"

"Byddwn i'n masnachu'r cyfan i fod yn ddynol am ddiwrnod."

"I would trade it all to be a human being for one day"

'Cael y gobaith o wybod y fath hapusrwydd'

"to have the hope of knowing such happiness"

'Hapusrwydd y byd gogoneddus hwnnw uwchlaw'r sêr'

"the happiness of that glorious world above the stars"

"Rhaid i chi beidio â meddwl hynny," meddai'r hen wraig

"You must not think that," said the old woman

"Rydyn ni'n credu ein bod ni'n llawer hapusach na phobl."

"We believe that we are much happier than the humans"

"Rydyn ni'n credu ein bod ni'n llawer gwell na bodau dynol."

"and we believe we are much better off than human beings"

"Felly byddaf farw," meddai'r môr-forwyn fach

"So I shall die," said the little mermaid

"Gan fy mod yn ewyn y môr, fe'm golchir o gwmpas"

"being the foam of the sea, I shall be washed about"

"Fydda i byth yn clywed cerddoriaeth y tonnau eto."

"never again will I hear the music of the waves"

"Fydda i byth yn gweld y blodau hardd eto"

"never again will I see the pretty flowers"

"Ni fyddaf byth yn gweld yr haul coch eto"

"nor will I ever again see the red sun"

A oes unrhyw beth y gallaf ei wneud i ennill enaid anfarwol?

"Is there anything I can do to win an immortal soul?"

'Na,' meddai'r hen wraig, 'annoeth...'

"No," said the old woman, "unless..."

"Dim ond un ffordd o ennill enaid"

"there is just one way to gain a soul"

"Mae'n rhaid i ddyn eich caru chi'n fwy nag y mae'n caru ei dad a'i fam."
"a man has to love you more than he loves his father and mother"
"Rhaid i'w holl feddyliau a'i gariad fod yn sefydlog arnoch chi"
"all his thoughts and love must be fixed upon you"
"Mae'n rhaid iddo addo bod yn wir i chi yma ac ar ôl"
"he has to promise to be true to you here and hereafter"
"Mae'n rhaid i'r offeiriad roi ei law dde yn eich un chi."
"the priest has to place his right hand in yours"
"Yna byddai enaid dy ddyn yn llewygu i'th gorff."
"then your man's soul would glide into your body"
"Byddech chi'n cael cyfran yn hapusrwydd dynol yn y dyfodol"
"you would get a share in the future happiness of mankind"
"Byddai'n rhoi enaid i chi ac yn cadw ei enaid ei hun hefyd."
"He would give to you a soul and retain his own as well"
"Ond mae'n amhosib i hyn ddigwydd byth"
"but it is impossible for this to ever happen"
"Mae cynffon eich pysgod, yn ein plith, yn cael ei ystyried yn brydferth"
"Your fish's tail, among us, is considered beautiful"
"Ond ar y ddaear mae cynffon dy bysgod yn cael ei hystyried yn hyll."
"but on earth your fish's tail is considered ugly"
'Nid yw pobl yn gwybod yn well'
"The humans do not know any better"
"Mae safon eu harddwch yn cael dau prop stout"
"their standard of beauty is having two stout props"
"Mae'r ddau prop stout hyn maen nhw'n eu galw yn goesau"
"these two stout props they call their legs"
Roedd y môr-forwyn fach ochneidio ar yr hyn a oedd yn ymddangos fel ei thynged
The little mermaid sighed at what appeared to be her destiny
ac edrychodd yn drist ar gynffon ei physgod

and she looked sorrowfully at her fish's tail
**"Gadewch i ni fod yn hapus gyda'r hyn sydd gennym,"
meddai'r hen wraig**
"Let us be happy with what we have," said the old lady
"Gadewch i ni dartio a gwanwyn o gwmpas am y tri chan mlynedd"
"let us dart and spring about for the three hundred years"
"Mae tri chan mlynedd yn ddigon hir"
"and three hundred years really is quite long enough"
"Ar ôl hynny, gallwn ni orffwys ein hunain yn well."
"After that we can rest ourselves all the better"
"Y noson yma rydyn ni'n mynd i gael pêl lys"
"This evening we are going to have a court ball"

Yr oedd yn un o'r golygfeydd ysblennydd hynny na allwn byth eu gweld ar y ddaear.
It was one of those splendid sights we can never see on earth
Cynhaliwyd y bêl mewn neuadd fawr
the court ball took place in a large ballroom
Roedd y waliau a'r nenfwd o grisial tryloyw trwchus
The walls and the ceiling were of thick transparent crystal
Roedd cannoedd o gregyn enfawr yn sefyll mewn rhesi ar bob ochr
Many hundreds of colossal shells stood in rows on each side
Roedd rhai yn goch dwfn, eraill yn laswellt
some were deep red, others were grass green
ac roedd gan bob un o'r cregyn dân glas ynddo
and each of the shells had a blue fire in it
Roedd y rhain yn goleuo'r salon cyfan a'r dawnswyr
These lighted up the whole salon and the dancers
a'r cregyn yn disgleirio allan trwy'r waliau
and the shells shone out through the walls
fel bod y môr hefyd yn cael ei oleuo gan eu goleuni
so that the sea was also illuminated by their light
Pysgod di-rif, mawr a bach, yn swatio heibio
Innumerable fishes, great and small, swam past

roedd rhai o'u graddfeydd wedi'u gorchuddio â disgleirdeb porffor
some of their scales glowed with a purple brilliance
a physgod eraill yn disgleirio fel arian ac aur
and other fishes shone like silver and gold
Trwy'r neuaddau llifai nant eang
Through the halls flowed a broad stream
ac yn y nant dawnsiodd y mermen a'r môr-forynion
and in the stream danced the mermen and the mermaids
maent yn dawnsio i gerddoriaeth eu canu melys eu hunain
they danced to the music of their own sweet singing

Nid oes gan neb ar y ddaear leisiau mor hyfryd ag y maent
No one on earth has such lovely voices as they
Ond roedd y môr-forwyn fach yn canu'n fwy melys na'r cyfan
but the little mermaid sang more sweetly than all
Roedd yr holl lys yn ei chanmol â dwylo a chynffonnau
The whole court applauded her with hands and tails
Ac am eiliad roedd ei chalon yn teimlo'n eithaf hapus
and for a moment her heart felt quite happy
oherwydd gwyddai mai hi oedd y llais melysaf yn y môr
because she knew she had the sweetest voice in the sea
ac roedd hi'n gwybod bod ganddi'r llais melysaf ar y tir
and she knew she had the sweetest voice on land
Ond buan y meddyliodd eto am y byd uwch ei phen
But soon she thought again of the world above her
Doedd hi ddim yn gallu anghofio'r Tywysog swynol
she could not forget the charming prince
fe'i hatgoffodd fod ganddo enaid anfarwol
it reminded her that he had an immortal soul
Ac ni allai anghofio nad oedd ganddi enaid anfarwol
and she could not forget that she had no immortal soul
Cododd yn dawel allan o balas ei thad
She crept away silently out of her father's palace
Roedd popeth o fewn yn llawn llawenydd a chân

everything within was full of gladness and song
Ond eisteddodd yn ei gardd fach ei hun, yn drist ac ar ei phen ei hun
but she sat in her own little garden, sorrowful and alone
Yna clywodd y byg yn seinio drwy'r dŵr
Then she heard the bugle sounding through the water
a meddyliodd, "Mae e'n sicr yn hwylio uwchben."
and she thought, "He is certainly sailing above"
'Ef, y tywysog hardd, y mae fy nymuniadau yn canolbwyntio arno.'
"he, the beautiful prince, in whom my wishes centre"
"Ydw, yn ei ddwylo hoffwn roi fy hapusrwydd"
"he, in whose hands I should like to place my happiness"
"Byddaf yn mentro popeth iddo, ac ennill enaid anfarwol"
"I will venture all for him, and to win an immortal soul"
"Mae fy chwiorydd yn dawnsio ym mhalas fy nhad"
"my sisters are dancing in my father's palace"
"ond mi a af i'r môr witch"
"but I will go to the sea witch"
"y wrach môr yr wyf bob amser wedi bod mor ofnus"
"the sea witch of whom I have always been so afraid"
"Ond gall gwrach y môr roi cyngor i mi, a helpu"
"but the sea witch can give me counsel, and help"

Yna aeth y môr-forwyn fach allan o'i gardd
Then the little mermaid went out from her garden
a hi a gymerodd y ffordd i'r trobyllau ewynnog
and she took the road to the foaming whirlpools
Tu ôl i'r trobyllau ewynnog roedd y swynwyr yn byw
behind the foaming whirlpools the sorceress lived
Nid oedd y môr-forwyn fach erioed wedi mynd y ffordd honno o'r blaen
the little mermaid had never gone that way before
Nid oedd blodau na glaswellt yn tyfu lle roedd hi'n mynd
Neither flowers nor grass grew where she was going
Doedd dim byd ond tir moel, llwyd, tywodlyd

there was nothing but bare, gray, sandy ground
Roedd y tir diffrwyth hwn yn ymestyn allan i'r pwll tro
this barren land stretched out to the whirlpool
Roedd y dŵr fel olwynion melin ewynnog
the water was like foaming mill wheels
A'r melinau a gymerasant bob peth a ddaeth o fewn cyrraedd
and the mills seized everything that came within reach
maent yn taflu eu hysglyfaeth i'r dyfnder di-ffael
they cast their prey into the fathomless deep
Trwy'r trobyllau malu hyn bu'n rhaid iddi basio
Through these crushing whirlpools she had to pass
Dim ond wedyn y gallai hi gyrraedd y dominions y wrach môr
only then could she reach the dominions of the sea witch
Wedi hyn daeth darn o fwyn cynnes, byrlymus
after this came a stretch of warm, bubbling mire
Gwrachod y môr o'r enw y mire'n byrlymu ei rhosyn tyweirch
the sea witch called the bubbling mire her turf moor

Y tu hwnt i'w gweunydd tyweirch roedd tŷ'r gwrach
Beyond her turf moor was the witch's house
Roedd ei thŷ yn sefyll yng nghanol coedwig ryfedd
her house stood in the centre of a strange forest
Yn y goedwig hon roedd yr holl goed a blodau yn polypi
in this forest all the trees and flowers were polypi
ond dim ond hanner planhigyn oedden nhw; Roedd yr hanner arall yn anifail
but they were only half plant; the other half was animal
Roedden nhw'n edrych fel seirff gyda chant o bennau
They looked like serpents with a hundred heads
A phob sarff yn tyfu allan o'r ddaear
and each serpent was growing out of the ground
Roedd eu canghennau'n breichiau hir, slimy
Their branches were long, slimy arms

ac roedd ganddyn nhw fysedd fel mwydod hyblyg
and they had fingers like flexible worms
symudodd pob un o'u haelodau, o'r gwreiddyn i'r top,
each of their limbs, from the root to the top, moved
Y cyfan y gellid ei gyrraedd yn y môr y maent yn ei ddal
All that could be reached in the sea they seized upon
a'r hyn a ddaliasant yn dynn wrth
and what they caught they held on tightly to
fel na ddihangodd o'u gafaelion
so that it never escaped from their clutches

Roedd y môr-forwyn fach wedi dychryn gan yr hyn a welodd
The little mermaid was alarmed at what she saw
Safodd yn llonydd a'i chalon yn curo'n ofnus
she stood still and her heart beat with fear
Daeth hi'n agos iawn at droi yn ôl
She came very close to turning back
Ond meddyliodd am y tywysog hardd
but she thought of the beautiful prince
a meddwl yr enaid dynol yr oedd hi'n hiraethu amdano
and the thought of the human soul for which she longed
Gyda'r meddyliau hyn dychwelodd ei dewrder
with these thoughts her courage returned
Caeodd ei gwallt hir, llifol rownd ei phen
She fastened her long, flowing hair round her head
fel na allai'r polypi afael yn ei gwallt
so that the polypi could not grab hold of her hair
a chroesodd ei dwylo ar draws ei mynwes
and she crossed her hands across her bosom
Ac yna feiddiodd ymlaen fel pysgodyn trwy'r dŵr
and then she darted forward like a fish through the water
rhwng breichiau supple a bysedd y polypi hyll
between the supple arms and fingers of the ugly polypi
Cawsant eu hymestyn ar bob ochr iddi
they were stretched out on each side of her

Roedd hi'n gweld eu bod i gyd yn dal rhywbeth yn eu gafael
She saw that they all held something in their grasp
rhywbeth roedden nhw wedi ei ddal gyda'u breichiau bach niferus
something they had seized with their numerous little arms
Roeddent yn sgerbydau gwyn o fodau dynol
they were were white skeletons of human beings
morwyr a fu farw ar y môr mewn stormydd
sailors who had perished at sea in storms
ac yr oeddent wedi suddo i lawr i'r dyfroedd dyfnion
and they had sunk down into the deep waters
ac roedd sgerbydau o anifeiliaid tir
and there were skeletons of land animals
Ac yr oedd ceirch, llywod, a chests o longau
and there were oars, rudders, and chests of ships
Roedd hyd yn oed môr-forwyn fach eu bod wedi dal
There was even a little mermaid whom they had caught
Mae'n rhaid bod y môr-forwyn dlawd wedi cael ei thagu gan y dwylo
the poor mermaid must have been strangled by the hands
Roedd hyn yn ymddangos yn fwyaf brawychus o'r holl
to her this seemed the most shocking of all

Yn olaf, daeth i ofod o dir corsiog yn y coed
finally, she came to a space of marshy ground in the woods
Yma roedd nadroedd dŵr braster mawr yn rhodio yn y miwrn
here there were large fat water snakes rolling in the mire
Dangosodd y nadroedd eu cyrff hyll, lliw drab-
the snakes showed their ugly, drab-colored bodies
Yng nghanol y fan hon safai tŷ
In the midst of this spot stood a house
Adeiladwyd y tŷ o esgyrn bodau dynol llongddrylliedig
the house was built of the bones of shipwrecked human beings
ac yn y tŷ eisteddodd y môr wrach

and in the house sat the sea witch
Roedd hi'n gadael i llyffant fwyta o'i cheg
she was allowing a toad to eat from her mouth
Yn union fel pan fydd pobl yn bwydo canari gyda darnau o siwgr
just like when people feed a canary with pieces of sugar
Galwodd y dŵr hyll yn nadroedd ei ieir bach
She called the ugly water snakes her little chickens
ac roedd hi'n caniatáu iddyn nhw gropian dros ei mynwes i gyd
and she allowed them to crawl all over her bosom

"Rwy'n gwybod beth rydych chi ei eisiau," meddai'r môr
"I know what you want," said the sea witch
"Mae'n ffôl iawn ohonoch chi eisiau rhywbeth fel hyn"
"It is very stupid of you to want such a thing"
Ond bydd gennych eich ffordd, pa mor dwp bynnag ydyw. "
"but you shall have your way, however stupid it is"
"Er y bydd yn dod â chi i dristwch, fy nhywysoges bert."
"though it will bring you to sorrow, my pretty princess"
"Rydych chi eisiau cael gwared ar gynffon eich môr-forwyn"
"You want to get rid of your mermaid's tail"
"Ac rydych chi am gael dau gefnogaeth yn lle hynny"
"and you want to have two supports instead"
"Bydd hyn yn eich gwneud chi'n hoffi'r ddynoliaeth ar y ddaear"
"this will make you like the human beings on earth"
"Ac yna efallai y bydd y tywysog ifanc yn cwympo mewn cariad â chi"
"and then the young prince might fall in love with you"
"Ac yna efallai y bydd gennych enaid anfarwol"
"and then you might have an immortal soul"
Roedd y wrach yn chwerthin yn uchel ac yn ffiaidd
the witch laughed loud and disgustingly
syrthiodd y llyffant a'r nadroedd i'r llawr
the toad and the snakes fell to the ground

a gorweddant yno yn gwingo ar y llawr
and they lay there wriggling on the floor
"Rydych chi ond mewn pryd," meddai'r Witch
"You are but just in time," said the witch
"Ar ôl y wawr yfory byddai wedi bod yn rhy hwyr"
"after sunrise tomorrow it would have been too late"
"Ni fyddwn yn gallu eich helpu tan ddiwedd blwyddyn arall"
"I would not be able to help you till the end of another year"
"Byddaf yn paratoi diod i chi"
"I will prepare a potion for you"
"Nofio i'r tir yfory, cyn i'r haul godi
"swim up to the land tomorrow, before sunrise
"Eisteddwch eich hun yno ac yfwch y potws"
"seat yourself there and drink the potion"
"Ar ôl i chi ei yfed, bydd eich cynffon yn diflannu"
"after you drink it your tail will disappear"
"Ac yna bydd gennych yr hyn y mae dynion yn ei alw'n goesau"
"and then you will have what men call legs"

"Bydd pawb yn dweud mai chi yw'r ferch harddaf yn y byd"
"all will say you are the prettiest girl in the world"
"Ond ar gyfer hyn bydd yn rhaid i chi ddioddef poen mawr"
"but for this you will have to endure great pain"
"Bydd fel petai cleddyf yn pasio trwoch chi"
"it will be as if a sword were passing through you"
"Byddwch yn dal i gael yr un gras o symud"
"You will still have the same gracefulness of movement"
"Bydd fel pe baech yn arnofio dros y ddaear"
"it will be as if you are floating over the ground"
"Ac ni fydd unrhyw ddawnsiwr byth yn troedio mor ysgafn â chi"
"and no dancer will ever tread as lightly as you"
"Ond bydd pob cam a gymerwch yn achosi poen mawr i chi"
"but every step you take will cause you great pain"

"Bydd fel petaech chi'n troedio ar gyllyll miniog"
"it will be as if you were treading upon sharp knives"
"Os ydych chi'n dioddef yr holl ddioddefaint hwn, byddaf yn eich helpu."
"If you bear all this suffering, I will help you"
Y Mermaid Bach Meddwl am y Tywysog
the little mermaid thought of the prince
ac roedd hi'n meddwl am hapusrwydd enaid anfarwol
and she thought of the happiness of an immortal soul
"Ydw, byddwn," meddai'r dywysoges fach
"Yes, I will," said the little princess
Ond, fel y gallwch ddychmygu, roedd ei llais yn crynu ag ofn
but, as you can imagine, her voice trembled with fear

"Peidiwch â rhuthro i mewn i hyn," meddai'r Witch
"do not rush into this," said the witch
"Unwaith y byddwch chi'n cael eich siapio fel dyn, ni allwch byth ddychwelyd"
"once you are shaped like a human, you can never return"
"Ac ni fyddwch byth eto ar ffurf môr-forwyn"
"and you will never again take the form of a mermaid"
"Ni fyddwch byth yn dychwelyd trwy'r dŵr i'ch chwiorydd"
"You will never return through the water to your sisters"
"Ni fyddwch byth yn mynd i dŷ eich tad eto."
"nor will you ever go to your father's palace again"
"Mae'n rhaid i chi ennill cariad y tywysog"
"you will have to win the love of the prince"
"Mae'n rhaid iddo fod yn barod i anghofio ei dad a'i fam i chi"
"he must be willing to forget his father and mother for you"
"Rhaid iddo garu di gyda'i holl enaid."
"and he must love you with all of his soul"
"Rhaid i'r offeiriad ymuno â'ch dwylo gyda'ch gilydd"
"the priest must join your hands together"
"Rhaid iddo dy wneud di'n ddyn ac yn wraig mewn priodas

sanctaidd."
"and he must make you man and wife in holy matrimony"

"Dim ond wedyn y bydd gennych enaid anfarwol"
"only then will you have an immortal soul"

"Peidiwch byth â gadael iddo briodi rhywun arall"
"but you must never allow him to marry another"

"Y bore ar ôl iddo briodi un arall, bydd eich calon yn torri"
"the morning after he marries another, your heart will break"

"A byddwch yn troi'n ewyn ar grib y tonnau"
"and you will become foam on the crest of the waves"

Daeth y môr-forwyn fach mor welw â marwolaeth
the little mermaid became as pale as death

"Byddaf yn ei wneud," meddai'r môr-forwyn fach
"I will do it," said the little mermaid

"Ond mae'n rhaid i mi gael fy nhalu, hefyd," meddai'r gwrach
"But I must be paid, also," said the witch

"Ac nid yw'n driffl yr wyf yn gofyn am"
"and it is not a trifle that I ask for"

"Mae gen ti lais mwyaf caredig unrhyw un sy'n byw yma"
"You have the sweetest voice of any who dwell here"

"Rydych chi'n credu y gallwch chi swyno'r tywysog gyda'ch llais"
"you believe that you can charm the prince with your voice"

"Ond mae'n rhaid i chi roi eich llais hardd i mi"
"But your beautiful voice you must give to me"

"Y peth gorau sydd gennych yw pris fy ngrym"
"The best thing you possess is the price of my potion"

"Mae'n rhaid cymysgu'r pwdin gyda fy ngwaed fy hun"
"the potion must be mixed with my own blood"

"Dim ond hyn sy'n ei wneud mor finiog â chleddyf daufiniog"
"only this makes it as sharp as a two-edged sword"

Ceisiodd y môr-forwyn fach wrthwynebu'r gost
the little mermaid tried to object to the cost
"Ond os wyt ti'n cymryd fy llais i ffwrdd..." Dywedodd y môr-forwyn fach
"But if you take away my voice..." said the little mermaid
"Os tynni ymaith fy llais, beth sydd ar ôl i mi?"
"if you take away my voice, what is left for me?"
"Eich ffurf hardd," awgrymodd y wrach môr
"Your beautiful form," suggested the sea witch
"eich taith gerdded ogoneddus, a'ch llygaid mynegiannol"
"your graceful walk, and your expressive eyes"
"Yn sicr, gyda'r rhain, gallwch gadw calon dyn?"
"Surely, with these you can enchain a man's heart?"
"Wel, wyt ti wedi colli dy ddewrder?" gofynnodd Gwrach y Môr
"Well, have you lost your courage?" the sea witch asked
"Rho dy dafod bach allan, er mwyn i mi ei dorri i ffwrdd."
"Put out your little tongue, so that I can cut it off"
"Yna bydd gennych y pŵer pwerus"
"then you shall have the powerful potion"
"Bydd yn," meddai'r môr-forwyn fach
"It shall be," said the little mermaid

Yna rhoddodd y wrach ei lloer ar y tân
Then the witch placed her caldron on the fire
"Mae glendid yn beth da," meddai'r gwrachod môr
"Cleanliness is a good thing," said the sea witch
hi sgwrio y llongau ar gyfer y neidr dde
she scoured the vessels for the right snake
Roedd yr holl nadroedd wedi eu clymu at ei gilydd mewn cwlwm mawr
all the snakes had been tied together in a large knot
Yna, mae hi'n pigo ei hun yn y fron
Then she pricked herself in the breast
a hi a adawodd i'r gwaed du ollwng i'r llodron
and she let the black blood drop into the caldron

Roedd y stêm a gododd yn troi ei hun yn siapiau erchyll
The steam that rose twisted itself into horrible shapes
Ni allai unrhyw un edrych ar y siapiau heb ofn
no person could look at the shapes without fear
Bob eiliad roedd y wrach yn taflu cynhwysion newydd i'r llong
Every moment the witch threw new ingredients into the vessel
Yn olaf, gyda phopeth y tu mewn, dechreuodd y caldron ferwi
finally, with everything inside, the caldron began to boil
roedd y sŵn fel wylo crocodeil
there was the sound like the weeping of a crocodile
Ac o'r diwedd roedd y ddiod hud yn barod
and at last the magic potion was ready
Er gwaethaf ei gynhwysion, roedd yn edrych fel y dŵr cliriaf
despite its ingredients, it looked like the clearest water
"Yno mae, i gyd i chi," meddai'r wrach
"There it is, all for you," said the witch
ac yna fe dorrodd dafod y môr-forwyn fach
and then she cut off the little mermaid's tongue
fel na allai'r môr-forwyn fach byth eto siarad, na chanu
so that the little mermaid could never again speak, nor sing
"Efallai y bydd y polypi yn ceisio eich cydio ar y ffordd allan"
"the polypi might try and grab you on the way out"
"Os ydyn nhw'n ceisio, taflwch nhw ychydig ddiferion o'r potion"
"if they try, throw over them a few drops of the potion"
"a bydd eu bysedd yn cael eu rhwygo'n fil o ddarnau"
"and their fingers will be torn into a thousand pieces"
Ond nid oes angen i'r môr-forwyn fach wneud hyn
But the little mermaid had no need to do this
y polypi sprang yn ôl mewn arswyd pan welsant ei
the polypi sprang back in terror when they saw her
Gwelon nhw ei bod wedi colli ei thafod i wrach y môr
they saw she had lost her tongue to the sea witch

a gwelon nhw ei bod hi'n cario'r potion
and they saw she was carrying the potion
disgleiriodd y pwt yn ei llaw fel seren twinkling
the potion shone in her hand like a twinkling star

Felly aeth hi'n gyflym trwy'r goedwig a'r gors
So she passed quickly through the wood and the marsh
a hi a basiodd rhwng y trobyllau rhuthro
and she passed between the rushing whirlpools
cyn bo hir dychwelodd hi i balas ei thad.
soon she made it back to the palace of her father
diffoddwyd yr holl ffaglau yn yr ystafell ddawns
all the torches in the ballroom were extinguished
Mae'n rhaid i bawb yn y palas fod yn cysgu
all within the palace must now be asleep
Ond doedd hi ddim yn mynd i'w gweld nhw
But she did not go inside to see them
Roedd hi'n gwybod ei bod hi'n mynd i'w gadael am byth
she knew she was going to leave them forever
ac roedd hi'n gwybod y byddai ei chalon yn torri pe bai'n eu gweld
and she knew her heart would break if she saw them
Aeth hi i'r ardd y tro diwethaf
she went into the garden one last time
a chymerodd flodeugerdd gan bob un o'i chwiorydd
and she took a flower from each one of her sisters
Ac yna cododd hi drwy'r dyfroedd tywyll-glas
and then she rose up through the dark-blue waters

Mae'r môr-forwyn fach cyrraedd Palas y Tywysog
the little mermaid arrived at the prince's palace
nid yw'r haul wedi codi o'r môr eto
the the sun had not yet risen from the sea
a'r lleuad shined yn glir ac yn llachar yn y nos
and the moon shone clear and bright in the night
Mae'r môr-forwyn fach yn eistedd ar y camau marmor hardd

the little mermaid sat at the beautiful marble steps
Ac yna mae'r môr-forwyn fach yfed y ddiod hud
and then the little mermaid drank the magic potion
teimlodd y toriad o gleddyf daufiniog wedi ei thorri trwyddi
she felt the cut of a two-edged sword cut through her
A hi a syrthiodd i swoon, ac a orweddodd fel un marw
and she fell into a swoon, and lay like one dead
Cododd yr haul o'r môr a disgleirio dros y tir
the sun rose from the sea and shone over the land
roedd hi'n gwella ac yn teimlo'r boen o'r toriad
she recovered and felt the pain from the cut
Ond cyn iddi sefyll y Tywysog ifanc golygus
but before her stood the handsome young prince

Gosododd ei lygaid glo-ddu ar y môr-forwyn fach
He fixed his coal-black eyes upon the little mermaid
Roedd yn edrych mor ddiwyd nes iddi fwrw ei llygaid i lawr
he looked so earnestly that she cast down her eyes
ac yna daeth hi'n ymwybodol bod cynffon ei physgod wedi mynd
and then she became aware that her fish's tail was gone
Gwelodd fod ganddi y pâr harddaf o goesau gwyn
she saw that she had the prettiest pair of white legs
ac yr oedd ganddi draed bychain, fel y byddai unrhyw forwyn fach wedi
and she had tiny feet, as any little maiden would have
Ond, wedi iddi ddod o'r môr, doedd ganddi ddim dillad
But, having come from the sea, she had no clothes
Felly lapiodd ei hun yn ei gwallt hir, trwchus
so she wrapped herself in her long, thick hair
Gofynnodd y tywysog iddi pwy oedd hi ac o ble'r oedd hi'n dod
The prince asked her who she was and whence she came
Edrychodd arno yn ysgafn ac yn drist
She looked at him mildly and sorrowfully
Ond roedd yn rhaid iddi ateb gyda'i llygaid glas dwfn

but she had to answer with her deep blue eyes
Oherwydd nad oedd y môr-forwyn fach yn gallu siarad mwyach
because the little mermaid could not speak anymore
Gafaelodd yn ei llaw a'i harwain i'r palas.
He took her by the hand and led her to the palace

Bob cam a gymerodd oedd fel y wrach wedi dweud y byddai'n
Every step she took was as the witch had said it would be
roedd hi'n teimlo fel petai hi'n troedio ar gyllyll miniog
she felt as if she were treading upon sharp knives
Roedd hi'n dioddef poen y sillaf yn barod, fodd bynnag
She bore the pain of the spell willingly, however
a symudodd wrth ochr y tywysog mor ysgafn â swigen
and she moved at the prince's side as lightly as a bubble
pawb a'i gwelodd yn rhyfeddu at ei symudiadau gosgeiddig, sigledig
all who saw her wondered at her graceful, swaying movements
Yn fuan iawn cafodd ei gwisgo mewn gwisgoedd costus o sidan a mwslin
She was very soon arrayed in costly robes of silk and muslin
Hi oedd y creadur harddaf yn y palas
and she was the most beautiful creature in the palace
Ond roedd hi'n ymddangos yn fud, ac ni allai siarad na chanu
but she appeared dumb, and could neither speak nor sing

Roedd caethweision benywaidd hardd, wedi'u gwisgo mewn sidan ac aur
there were beautiful female slaves, dressed in silk and gold
Aethant ymlaen a chanu o flaen y teulu brenhinol
they stepped forward and sang in front of the royal family
Gallai pob caethwas ganu'n well na'r un nesaf
each slave could sing better than the next one

a'r tywysog yn clap ei ddwylo ac yn gwenu ar ei
and the prince clapped his hands and smiled at her
Roedd hyn yn drist fawr i'r môr-forwyn fach
This was a great sorrow to the little mermaid
Roedd hi'n gwybod cymaint yn fwy melys yr oedd hi'n gallu canu
she knew how much more sweetly she was able to sing
Pe bai ond yn gwybod fy mod wedi rhoi fy llais i ffwrdd i fod gydag ef!"
"if only he knew I have given away my voice to be with him!"

roedd cerddoriaeth yn cael ei chwarae gan gerddorfa
there was music being played by an orchestra
Ac roedd y caethweision yn perfformio rhai dawnsiau hyfryd, tebyg i dylwyth teg
and the slaves performed some pretty, fairy-like dances
Yna cododd y môr-forwyn fach ei breichiau gwyn hyfryd
Then the little mermaid raised her lovely white arms
safodd ar domenni ei bysedd fel ballerina
she stood on the tips of her toes like a ballerina
a hi a giliodd dros y llawr fel aderyn dros y dŵr
and she glided over the floor like a bird over water
ac roedd hi'n dawnsio gan nad oedd neb eto wedi gallu dawnsio
and she danced as no one yet had been able to dance
Ar bob eiliad datgelwyd ei harddwch yn fwy
At each moment her beauty was more revealed
mwyaf apelgar oll, i'r galon, oedd ei llygaid mynegiannol
most appealing of all, to the heart, were her expressive eyes
Roedd pawb yn swyno ganddi, yn enwedig y tywysog
Everyone was enchanted by her, especially the prince
Galwodd y tywysog hi'n ffowndri bach byddar
the prince called her his deaf little foundling
Ac roedd hi'n hapus yn parhau i ddawnsio, i blesio'r tywysog
and she happily continued to dance, to please the prince

ond mae'n rhaid i ni gofio'r boen a ddioddefodd er ei bleser
but we must remember the pain she endured for his pleasure
roedd pob cam ar y llawr yn teimlo fel pe bai'n troedio ar gyllyll miniog
every step on the floor felt as if she trod on sharp knives

Dywedodd y tywysog y dylai aros gydag ef bob amser
The prince said she should remain with him always
a rhoddwyd caniatâd iddi gysgu wrth ei ddrws
and she was given permission to sleep at his door
daethant â chlustog melfed iddi orwedd arno
they brought a velvet cushion for her to lie on
Ac roedd gan y tywysog wisg tudalen wedi'i gwneud ar ei chyfer
and the prince had a page's dress made for her
Fel hyn, gallai fynd gydag ef ar gefn ceffyl
this way she could accompany him on horseback
Roedden nhw'n marchogaeth gyda'i gilydd drwy'r coed persawrus
They rode together through the sweet-scented woods
Yn y goedwig roedd y canghennau gwyrdd yn cyffwrdd â'u hysgwyddau
in the woods the green branches touched their shoulders
a'r adar bychain yn canu ymysg y dail ffres
and the little birds sang among the fresh leaves
Dringodd gydag ef i gopaon mynyddoedd uchel
She climbed with him to the tops of high mountains
Ac er i'w thraed dendro chwythu, dim ond gwenu y gwenodd
and although her tender feet bled, she only smiled
Dilynodd hi ef nes i'r cymylau oddi tanynt
she followed him till the clouds were beneath them
fel praidd o adar yn hedfan i diroedd pell
like a flock of birds flying to distant lands

Pan oedd pawb yn cysgu, eisteddodd ar y grisiau marmor llydan
when all were asleep she sat on the broad marble steps
roedd yn lleddfu ei thraed llosgi i'w golchi yn y dŵr oer
it eased her burning feet to bathe them in the cold water
Dyna pryd y meddyliodd am bawb oedd yn y môr
It was then that she thought of all those in the sea
Unwaith, yn ystod y nos, daeth ei chwiorydd i fyny, braich yn eu braich
Once, during the night, her sisters came up, arm in arm
Roedden nhw'n canu'n drist wrth iddyn nhw arnofio ar y dŵr
they sang sorrowfully as they floated on the water
A hi a amneidiodd arnynt, ac a adnabuasant hi
She beckoned to them, and they recognized her
Dywedon nhw wrthi sut yr oeddent wedi galaru eu chwaer ieuengaf
they told her how they had grieved their youngest sister
Ar ôl hynny, roedden nhw'n dod i'r un lle bob nos
after that, they came to the same place every night
Unwaith iddi weld yn y pellter roedd ei hen fam-gu
Once she saw in the distance her old grandmother
Doedd hi ddim wedi bod ar wyneb y môr ers blynyddoedd
she had not been to the surface of the sea for many years
a hen Frenin y Môr, ei thad, a'i goron ar ei ben
and the old Sea King, her father, with his crown on his head
Yno hefyd y daeth i'r man lle y gallai hi ei weld
he too came to where she could see him
Estynasant eu dwylo tuag ati hi
They stretched out their hands towards her
ond ni fentrodd hwy mor agos i'r wlad â'i chwiorydd
but they did not venture as near the land as her sisters

Wrth i'r dyddiau fynd heibio roedd hi'n caru'r tywysog yn fwy annwyl
As the days passed she loved the prince more dearly

Ac roedd yn ei charu hi fel y byddai rhywun yn caru plentyn bach
and he loved her as one would love a little child
Ni ddaeth y syniad iddo erioed i'w gwneud hi'n wraig iddo.
The thought never came to him to make her his wife
Ond, oni bai ei fod yn ei phriodi, ni fyddai ei dymuniad byth yn dod yn wir
but, unless he married her, her wish would never come true
Oni bai ei fod yn priodi ni allai dderbyn enaid anfarwol
unless he married her she could not receive an immortal soul
a phe byddai'n priodi un arall byddai ei breuddwydion yn chwalu
and if he married another her dreams would shatter
y bore ar ôl ei briodas byddai'n diddymu
on the morning after his marriage she would dissolve
a byddai'r môr-forwyn fach yn troi'n ewyn y môr
and the little mermaid would become the foam of the sea

Cymerodd y tywysog y môr-forwyn fach yn ei freichiau
the prince took the little mermaid in his arms
Ac efe a'i cusanodd hi ar ei talcen
and he kissed her on her forehead
Gyda'i llygaid roedd hi'n ceisio gofyn iddo
with her eyes she tried to ask him
"Onid ydych chi'n fy ngharu i'r rhan fwyaf ohonyn nhw?"
"Do you not love me the most of them all?"
"Ie, yr ydych yn annwyl i mi," meddai'r tywysog
"Yes, you are dear to me," said the prince
'Oherwydd bod gennych y galon orau'
"because you have the best heart"
"Ti yw'r mwyaf ymroddedig i mi"
"and you are the most devoted to me"
'Rwyt ti fel morwyn ifanc a welais unwaith.'
"You are like a young maiden whom I once saw"
"Ond fydda i byth yn cwrdd â'r ferch ifanc yma eto."
"but I shall never meet this young maiden again"

"Roeddwn i mewn llong a ddrylliwyd"
"I was in a ship that was wrecked"
"Ac mae'r tonnau yn fy ngwthio i'r lan wrth ymyl teml sanctaidd"
"and the waves cast me ashore near a holy temple"
"Yn y deml fe berfformiodd nifer o forwynion ifanc y gwasanaeth"
"at the temple several young maidens performed the service"
"Y ferch ifancaf ddaeth o hyd i mi ar y lan"
"The youngest maiden found me on the shore"
"Ac mae'r ieuengaf o'r morwynion achub fy mywyd"
"and the youngest of the maidens saved my life"
"Rydw i wedi ei gweld hi ddwywaith," esboniodd
"I saw her but twice," he explained
"Hi yw'r unig un yn y byd y gallwn i garu"
"and she is the only one in the world whom I could love"
"Ond rydych chi fel hi," sicrhaodd y môr-forwyn fach
"But you are like her," he reassured the little mermaid
"A bron i chi yrru ei delwedd o'm meddwl"
"and you have almost driven her image from my mind"
"Mae'n perthyn i'r deml sanctaidd"
"She belongs to the holy temple"
"Mae lwc dda wedi dy anfon di yn lle hi ata i."
"good fortune has sent you instead of her to me"
"Fyddwn ni byth yn rhan," cysurodd y môr-forwyn fach
"We will never part," he comforted the little mermaid

Ond ni allai'r môr-forwyn fach helpu ond Sigh
but the little mermaid could not help but sigh
"Nid yw'n gwybod mai fi sydd wedi achub ei fywyd"
"he knows not that it was I who saved his life"
"Mi a'i cymerais ef dros y môr i'r lle saif y deml"
"I carried him over the sea to where the temple stands"
"Eisteddais o dan yr ewyn nes i'r dynol ddod i'w helpu"
"I sat beneath the foam till the human came to help him"
"Gwelais y ferch brydferth y mae'n ei garu"

"I saw the pretty maiden that he loves"
"Y ferch brydferth y mae'n ei charu yn fwy na fi"
"the pretty maiden that he loves more than me"
Ochneidiodd y môr-forwyn yn ddwfn, ond ni allai wylo
The mermaid sighed deeply, but she could not weep
"Mae'n dweud bod y forwyn yn perthyn i'r deml sanctaidd"
"He says the maiden belongs to the holy temple"
"Am hynny, ni ddaw hi yn ôl i'r byd"
"therefore she will never return to the world"
"Ni fyddant yn cwrdd mwyach," meddai'r Little Mermaid
"they will meet no more," the little mermaid hoped
"Dw i wrth ei ochr ac yn ei weld e bob dydd."
"I am by his side and see him every day"
"Byddaf yn ei garu ac yn ei garu."
"I will take care of him, and love him"
"A byddaf yn rhoi'r gorau i'm bywyd er ei fwyn Ef"
"and I will give up my life for his sake"

Yn fuan iawn dywedwyd bod y tywysog i briodi
Very soon it was said that the prince was to marry
Roedd merch hardd brenin cyfagos
there was the beautiful daughter of a neighbouring king
Dywedwyd y byddai hi'n wraig iddo
it was said that she would be his wife
Ar gyfer yr achlysur roedd llong ddirwy yn cael ei gosod allan
for the occasion a fine ship was being fitted out
Dywedodd y Tywysog mai dim ond ymweld â'r brenin yr oedd yn bwriadu ymweld â'r brenin
the prince said he intended only to visit the king
Roeddent yn meddwl ei fod yn unig yn mynd er mwyn cwrdd â'r dywysoges
they thought he was only going so as to meet the princess
Roedd y môr-forwyn fach yn gwenu ac yn ysgwyd ei phen
The little mermaid smiled and shook her head
Roedd hi'n gwybod meddyliau'r tywysog yn well na'r lleill

She knew the prince's thoughts better than the others

"Mae'n rhaid i mi deithio," meddai hi
"I must travel," he had said to her
"Mae'n rhaid i mi weld y dywysoges hardd hon"
"I must see this beautiful princess"
"Mae fy rhieni eisiau i mi fynd i'w gweld hi
"My parents want me to go and see her
Ond ni fyddant yn fy ngorfodi i ddod â hi adref fel fy briodferch. "
"but they will not oblige me to bring her home as my bride"
"Rydych chi'n gwybod na allaf ei charu"
"you know that I cannot love her"
"Am nad yw hi fel y forwyn hardd yn y deml"
"because she is not like the beautiful maiden in the temple"
"y forwyn hardd yr ydych yn debyg"
"the beautiful maiden whom you resemble"
Pe bawn i'n cael fy ngorfodi i ddewis priodferch, byddwn yn eich dewis chi. "
"If I were forced to choose a bride, I would choose you"
"Fy ngwreiddiau byddar, gyda'r llygaid mynegiannol hynny"
"my deaf foundling, with those expressive eyes"
Yna cusanodd ei geg rosy
Then he kissed her rosy mouth
ac fe chwaraeodd gyda'i gwallt hir, chwifio
and he played with her long, waving hair
Ac efe a osodod ei ben ar ei chalon
and he laid his head on her heart
Breuddwydiodd am hapusrwydd dynol ac enaid anfarwol
she dreamed of human happiness and an immortal soul

Roedden nhw'n sefyll ar ddec y llong fonheddig
they stood on the deck of the noble ship
"Nid ydych yn ofni'r môr, ydych chi?"
"You are not afraid of the sea, are you?" he said

byddai'r llong yn mynd â nhw i'r wlad gyfagos
the ship was to carry them to the neighbouring country
Yna dywedodd wrthi am stormydd ac am lonyddwch
Then he told her of storms and of calms
Dywedodd wrthi am bysgod dieithr yn ddwfn o dan y dŵr.
he told her of strange fishes deep beneath the water
Ac efe a fynegodd iddi yr hyn a welodd y deifwyr yno
and he told her of what the divers had seen there
Roedd hi'n gwenu ar ei ddisgrifiadau, ychydig yn ddifyr
She smiled at his descriptions, slightly amused
Roedd hi'n gwybod yn well pa ryfeddodau oedd ar waelod y môr
she knew better what wonders were at the bottom of the sea

Eisteddodd y môr-forwyn fach ar y dec wrth olau lleuad
the little mermaid sat on the deck at moonlight
Roedd pawb ar y bwrdd yn cysgu, ac eithrio'r dyn oedd wrth y llyw
all on board were asleep, except the man at the helm
a hi a edrychodd i lawr drwy'r dŵr clir
and she gazed down through the clear water
Roedd hi'n meddwl y gallai hi wahaniaethu rhwng castell ei thad.
She thought she could distinguish her father's castle
ac yn y castell roedd hi'n gallu gweld ei nain oed
and in the castle she could see her aged grandmother
Yna daeth ei chwiorydd allan o'r tonnau
Then her sisters came out of the waves
A hwy a syllu ar eu chwaer yn alarus
and they gazed at their sister mournfully
Roedd hi'n gwenu wrth ei chwiorydd, ac yn gwenu
She beckoned to her sisters, and smiled
Roedd hi eisiau dweud wrthyn nhw pa mor hapus ac iach ei byd oedd hi.
she wanted to tell them how happy and well off she was
Ond y bachgen caban cysylltu a'i chwiorydd plymio i lawr

But the cabin boy approached and her sisters dived down
Roedd yn meddwl mai'r hyn a welodd oedd ewyn y môr
he thought what he saw was the foam of the sea

Y bore wedyn aeth y llong i mewn i'r harbwr
The next morning the ship got into the harbour
Roedden nhw wedi cyrraedd tref arfordirol hardd
they had arrived in a beautiful coastal town
Wedi iddynt gyrraedd, fe'u cyfarchwyd gan glychau'r eglwys
on their arrival they were greeted by church bells
ac o'r tyrau uchel seiniodd llewyrch o utgyrn,
and from the high towers sounded a flourish of trumpets
milwyr ar hyd y ffyrdd yr aethant drwyddynt
soldiers lined the roads through which they passed
Milwyr, gyda lliwiau hedfan a bayonets disglair
Soldiers, with flying colors and glittering bayonets
Bob dydd yr oeddynt yno yr oedd gŵyl
Every day that they were there there was a festival
Trefnwyd peli ac adloniant ar gyfer y digwyddiad
balls and entertainments were organised for the event
Ond nid yw'r dywysoges wedi gwneud ei ymddangosiad eto
But the princess had not yet made her appearance
Cafodd ei magu a'i haddysgu mewn tŷ crefyddol
she had been brought up and educated in a religious house
Roedd hi'n dysgu pob rhinwedd frenhinol tywysoges
she was learning every royal virtue of a princess

O'r diwedd, gwnaeth y dywysoges ei ymddangosiad brenhinol
At last, the princess made her royal appearance
Roedd y môr-forwyn fach yn awyddus i'w gweld hi
The little mermaid was anxious to see her
Roedd yn rhaid iddi wybod a oedd hi'n wirioneddol brydferth
she had to know whether she really was beautiful

Roedd yn rhaid iddi gyfaddef ei bod hi'n wironeddol brydferth
she was obliged to admit she really was beautiful
Nid oedd erioed wedi gweld gweledigaeth fwy perffaith o harddwch
she had never seen a more perfect vision of beauty
Roedd ei croen yn deg
Her skin was delicately fair
a'i llygaid glas chwerthin yn disgleirio gyda gwirionedd a phurdeb
and her laughing blue eyes shone with truth and purity
"Ti oedd e," meddai'r tywysog
"It was you," said the prince
"gwnaethoch achub fy mywyd pan oeddwn yn gorwedd fel pe bai wedi marw ar y traeth"
"you saved my life when I lay as if dead on the beach"
"Ac efe a lynodd ei briodferch yn ei freichiau"
"and he held his blushing bride in his arms"

"O, dwi'n rhy hapus!" meddai wrth y môr-forwyn fach
"Oh, I am too happy!" said he to the little mermaid
"Mae fy ngobeithion mwyaf annwyl yn cael eu cyflawni nawr"
"my fondest hopes are now fulfilled"
"Byddwch yn falch o'm hapusrwydd"
"You will rejoice at my happiness"
Oherwydd bod dy ymroddiad i mi yn fawr ac yn ddiffuant."
"because your devotion to me is great and sincere"
Mae'r môr-forwyn fach cusanu llaw y tywysog
The little mermaid kissed the prince's hand
ac roedd hi'n teimlo fel pe bai ei chalon eisoes wedi torri
and she felt as if her heart were already broken
Byddai ei briodas yn dod â marwolaeth iddi hi
His wedding morning would bring death to her
Roedd hi'n gwybod y byddai hi'n troi'n ewyn y môr
she knew she was to become the foam of the sea

canodd sŵn clychau'r eglwys trwy'r dref
the sound of the church bells rang through the town
marchogodd yr heraldiaid drwy'r dref yn cyhoeddi'r betrothal
the heralds rode through the town proclaiming the betrothal
Olew persawrus ei losgi mewn lampau arian ar bob allor
Perfumed oil was burned in silver lamps on every altar
Chwifiodd yr offeiriaid y thuserau dros y cwpl
The priests waved the censers over the couple
A'r briodferch a'r priodfab yn ymuno â'u dwylo
and the bride and the bridegroom joined their hands
a hwy a gawsant fendith yr esgob
and they received the blessing of the bishop
Roedd y môr-forwyn fach wedi'i gwisgo mewn sidan ac aur
The little mermaid was dressed in silk and gold
Daliodd ddillad y briodferch, mewn poen mawr
she held up the bride's dress, in great pain
ond ni chlywodd ei chlustiau ddim o gerddoriaeth yr ŵyl
but her ears heard nothing of the festive music
ac ni welodd ei llygaid y seremoni sanctaidd
and her eyes saw not the holy ceremony
Meddyliodd am noson y farwolaeth yn dod i'w
She thought of the night of death coming to her
ac roedd hi'n galaru am bopeth roedd hi wedi'i golli yn y byd
and she mourned for all she had lost in the world

Y noson honno aeth y briodferch a'r priodfab ar fwrdd y llong
that evening the bride and bridegroom boarded the ship
Roedd canonau'r llong yn rhuo i ddathlu'r digwyddiad
the ship's cannons were roaring to celebrate the event
a holl fanerau'r deyrnas yn chwifio
and all the flags of the kingdom were waving
yng nghanol y llong roedd pabell wedi ei chodi
in the centre of the ship a tent had been erected

Yn y babell roedd y soffas gysgu ar gyfer y newlyweds
in the tent were the sleeping couches for the newlyweds
Roedd y gwyntoedd yn ffafriol ar gyfer llywio'r môr tawel
the winds were favourable for navigating the calm sea
a'r llong yn gloff mor esmwyth ag adar yr awyr
and the ship glided as smoothly as the birds of the sky

Pan dyfodd yn dywyll, goleuwyd nifer o lampau lliw
When it grew dark, a number of colored lamps were lighted
dawnsiodd y morwyr a'r teulu brenhinol yn merrily ar y dec
the sailors and royal family danced merrily on the deck
Ni allai'r môr-forwyn fach helpu i feddwl am ei phen-
blwydd
The little mermaid could not help thinking of her birthday
y dydd y cododd hi o'r môr am y tro cyntaf
the day that she rose out of the sea for the first time
Dathlwyd dathliadau llawen tebyg ar y diwrnod hwnnw
similar joyful festivities were celebrated on that day
Meddyliodd am y rhyfeddod a'r gobaith ei bod hi'n teimlo'r
diwrnod hwnnw
she thought about the wonder and hope she felt that day
gyda'r atgofion dymunol hynny, ymunodd hithau hefyd yn
y ddawns
with those pleasant memories, she too joined in the dance
Ar ei thraed poenus, fe wnaeth hi ei hysgwyd ei hun yn yr
awyr
on her paining feet, she poised herself in the air
y ffordd y mae gwennol yn potsio ei hun pan yn erlid
ysglyfaeth
the way a swallow poises itself when in pursued of prey
Roedd y morwyr a'r gweision yn ei chanmol yn rhyfeddol
the sailors and the servants cheered her wonderingly
Doedd hi erioed wedi dawnsio mor o'r blaen
She had never danced so gracefully before
Roedd ei thraed tendr yn teimlo fel pe baent wedi'u torri â
chyllyll miniog

Her tender feet felt as if cut with sharp knives
ond nid oedd hi'n gofalu fawr am boen ei thraed
but she cared little for the pain of her feet
roedd poen llawer mwy miniog yn tyllu ei chalon
there was a much sharper pain piercing her heart

Roedd hi'n gwybod mai hwn oedd y noson olaf y byddai'n ei gweld
She knew this was the last evening she would ever see him
y tywysog yr oedd hi wedi gadael ei thylwyth a'i chartref ar ei gyfer
the prince for whom she had forsaken her kindred and home
Roedd hi wedi rhoi'r gorau i'w llais hardd iddo
She had given up her beautiful voice for him
a phob dydd roedd hi wedi dioddef poen yn ei erbyn
and every day she had suffered unheard-of pain for him
Roedd hi'n dioddef hyn i gyd, er nad oedd yn gwybod dim am ei phoen
she suffered all this, while he knew nothing of her pain
y noson olaf y byddai'n anadlu'r un awyr ag ef
it was the last evening she would breath the same air as him
Hwn oedd y noson olaf y byddai'n syllu ar yr un awyr serennog
it was the last evening she would gaze on the same starry sky
Hwn oedd y noson olaf y byddai'n edrych i mewn i'r môr dwfn
it was the last evening she would gaze into the deep sea
Hwn oedd y noson olaf y byddai'n syllu i mewn i'r noson dragwyddol
it was the last evening she would gaze into the eternal night
noson dragwyddol heb feddwl na breuddwydion yn aros amdani
an eternal night without thoughts or dreams awaited her
Cafodd ei geni heb enaid, ac yn awr ni allai ennill un
She was born without a soul, and now she could never win one

Roedd y cyfan yn llawenydd ac yn gaiety ar y llong tan ymhell ar ôl hanner nos
All was joy and gaiety on the ship until long after midnight
Roedd hi'n gwenu ac yn dawnsio gyda'r lleill ar y llong frenhinol.
She smiled and danced with the others on the royal ship
Ond dawnsiodd tra bod meddwl am farwolaeth yn ei chalon
but she danced while the thought of death was in her heart
Bu'n rhaid iddi wylio'r Prince Dance gyda'r Dywysoges
she had to watch the prince dance with the princess
Roedd yn rhaid iddi wylio pan gusanodd y tywysog ei briodferch hardd
she had to watch when the prince kissed his beautiful bride
Bu'n rhaid iddi wylio ei chwarae gyda gwallt Raven y Tywysog
she had to watch her play with the prince's raven hair
Ac roedd yn rhaid iddi eu gwylio yn mynd i mewn i'r babell, braich yn eu braich
and she had to watch them enter the tent, arm in arm

Ar ôl iddynt fynd aeth popeth yn llonydd ar fwrdd y llong
after they had gone all became still on board the ship
Dim ond y peilot, a safodd wrth y llyw, oedd yn dal i ddeffro
only the pilot, who stood at the helm, was still awake
Roedd y môr-forwyn fach yn pwyso ar ymyl y llong
The little mermaid leaned on the edge of the vessel
Edrychodd tua'r dwyrain am y cymylau cyntaf o'r bore
she looked towards the east for the first blush of morning
pelydr cyntaf y wawr, sef ei marwolaeth
the first ray of the dawn, which was to be her death
O bell, gwelodd ei chwiorydd yn codi allan o'r môr
from far away she saw her sisters rising out of the sea
Roedden nhw mor welw ag ofn ag yr oedd hi
They were as pale with fear as she was
Ond nid yw eu gwallt hardd bellach yn chwifio yn y gwynt

but their beautiful hair no longer waved in the wind
"Rydyn ni wedi rhoi ein gwallt i'r gwrach," meddai nhw
"We have given our hair to the witch," said they
'Does dim rhaid i chi farw heno'
"so that you do not have to die tonight"
"Ar gyfer ein gwallt rydym wedi cael y gyllell hon"
"for our hair we have obtained this knife"
"Cyn i'r haul godi rhaid i chi ddefnyddio'r gyllell hon"
"Before the sun rises you must use this knife"
"Mae'n rhaid i chi blymio'r gyllell i galon y tywysog"
"you must plunge the knife into the heart of the prince"
"Rhaid i waed cynnes y tywysog syrthio ar eich traed"
"the warm blood of the prince must fall upon your feet"
"Ac yna bydd eich traed yn tyfu gyda'i gilydd eto"
"and then your feet will grow together again"
Lle mae coesau gennych, bydd gennych gynffon bysgod eto.
"
"where you have legs you will have a fish's tail again"
"Lle buoch chi'n ddynol, byddwch unwaith eto yn fôr-forwyn."
"and where you were human you will once more be a mermaid"
"Yna gallwch ddychwelyd i fyw gyda ni, o dan y môr"
"then you can return to live with us, under the sea"
"A byddwch yn cael eich rhoi eich tri chan mlynedd o fôr-forwyn. "
"and you will be given your three hundred years of a mermaid"
"A dim ond wedyn y byddwch yn cael eich newid i ewyn y môr hallt."
"and only then will you be changed into the salty sea foam"
"Brysiwch, felly; "Rhaid iddo ef neu hi farw cyn codiad yr haul"
"Haste, then; either he or you must die before sunrise"
"Mae ein hen nain yn galaru amdanoch ddydd a nos"
"our old grandmother mourns for you day and night"

"Mae ei gwallt gwyn yn cwympo allan"
"her white hair is falling out"
"Yn union fel y syrthiodd ein gwallt o dan siswrn y wrach"
"just as our hair fell under the witch's scissors"
"Lladd y tywysog, a dod yn ôl," maent yn erfyn ar ei.
"Kill the prince, and come back," they begged her
"Oni welwch chi'r streipiau coch cyntaf yn yr awyr?"
"Do you not see the first red streaks in the sky?"
"Mewn ychydig funudau bydd yr haul yn codi, a byddwch yn marw"
"In a few minutes the sun will rise, and you will die"
Ar ôl gwneud eu gorau, roedd ei chwiorydd yn ochneidio'n ddwfn
having done their best, her sisters sighed deeply
Yn galarus suddodd ei chwiorydd yn ôl o dan y tonnau
mournfully her sisters sank back beneath the waves
a gadawyd y môr-forwyn fach gyda'r gyllell yn ei dwylo
and the little mermaid was left with the knife in her hands

tynnodd yn ôl llen Crimson y babell
she drew back the crimson curtain of the tent
Ac yn y babell gwelodd y briodferch brydferth
and in the tent she saw the beautiful bride
Roedd ei wyneb yn gorffwys ar fron y Tywysog
her face was resting on the prince's breast
Ac yna y môr-forwyn fach yn edrych ar yr awyr
and then the little mermaid looked at the sky
Ar y gorwel tyfodd y wawr rosy yn fwy disglair a disglair
on the horizon the rosy dawn grew brighter and brighter
Roedd hi'n glanio wrth y gyllell miniog yn ei dwylo
She glanced at the sharp knife in her hands
Ac unwaith eto gosododd ei llygaid ar y tywysog
and again she fixed her eyes on the prince
Plygodd i lawr a chusanu ei awen fonheddig
She bent down and kissed his noble brow
sibrydodd enw ei briodferch yn ei freuddwydion

he whispered the name of his bride in his dreams
Roedd yn breuddwydio am y dywysoges yr oedd wedi priodi
he was dreaming of the princess he had married
Mae'r gyllell yn crynu yn llaw y môr-forwyn fach
the knife trembled in the hand of the little mermaid
ond mae hi'n cydio'r gyllell ymhell i mewn i'r tonnau
but she flung the knife far into the waves

lle syrthiodd y gyllell trodd y dŵr yn goch
where the knife fell the water turned red
roedd y diferion a oedd yn sugno i fyny yn edrych fel gwaed
the drops that spurted up looked like blood
Taflodd un olwg olaf ar y tywysog yr oedd hi'n ei garu
She cast one last look upon the prince she loved
Yr haul a dynnodd yr awyr â'i saethau aur
the sun pierced the sky with its golden arrows
A hi a daflodd ei hun o'r llong i'r môr
and she threw herself from the ship into the sea
Roedd y môr-forwyn fach yn teimlo bod ei chorff yn diddymu i ewyn
the little mermaid felt her body dissolving into foam
a'r cyfan a gododd i'r wyneb oedd swigod o aer
and all that rose to the surface were bubbles of air
Syrthiodd pelydrau cynnes yr haul ar yr ewyn oer
the sun's warm rays fell upon the cold foam
Ond doedd hi ddim yn teimlo fel petai hi'n marw
but she did not feel as if she were dying
Mewn ffordd ryfedd roedd hi'n teimlo cynhesrwydd yr haul llachar
in a strange way she felt the warmth of the bright sun
Gwelodd gannoedd o greaduriaid tryloyw hardd
she saw hundreds of beautiful transparent creatures
Roedd y creaduriaid yn arnofio o'i chwmpas hi
the creatures were floating all around her
Trwyddynt roedd hi'n gallu gweld hwyliau gwyn y llongau

through them she could see the white sails of the ships
a thrwyddynt hwy y gwelodd hi y cymylau coch yn yr awyr
and through them she saw the red clouds in the sky
Roedd eu lleferydd yn anghwrtais ac yn blentynnaidd
Their speech was melodious and childlike
ond ni allai gael ei glywed gan glustiau marwol
but it could not be heard by mortal ears
ac ni allai eu cyrff gael eu gweld gan lygaid marwol
nor could their bodies be seen by mortal eyes
Roedd y môr-forwyn fach yn gweld ei bod hi fel nhw
The little mermaid perceived that she was like them
ac roedd hi'n teimlo ei bod hi'n codi'n uwch ac yn uwch
and she felt that she was rising higher and higher
"Ble ydw i?" gofynnodd hi, ac roedd ei llais yn swnio'n ethereal
"Where am I?" asked she, and her voice sounded ethereal
nid oes cerddoriaeth ddaearol a allai ei dynwared
there is no earthly music that could imitate her
"Ymhlith merched yr awyr," atebodd un ohonynt
"Among the daughters of the air," answered one of them
"Nid oes gan fôr-forwyn enaid anfarwol"
"A mermaid has not an immortal soul"
"Ni all môr-forynion gael eneidiau anfarwol"
"nor can mermaids obtain immortal souls"
"Oni bai ei bod yn ennill cariad dynol"
"unless she wins the love of a human being"
"Ar ewyllys rhywun arall yn crogi ei thynged dragwyddol"
"on the will of another hangs her eternal destiny"
"Fel chi, nid oes gennym eneidiau anfarwol chwaith"
"like you, we do not have immortal souls either"
"Ond gallwn gael enaid anfarwol trwy ein gweithredoedd"
"but we can obtain an immortal soul by our deeds"
"Rydyn ni'n hedfan i wledydd cynnes ac yn oeri'r aer sultry"
"We fly to warm countries and cool the sultry air"
"Y gwres sy'n dinistrio dynoliaeth â phlâu"
"the heat that destroys mankind with pestilence"

"**Rydyn ni'n cario persawr y blodau**"
"We carry the perfume of the flowers"
'**Rydym yn lledaenu iechyd ac adfer**'
"and we spread health and restoration"

"**Am dri chan mlynedd rydyn ni'n teithio'r byd fel hyn**"
"for three hundred years we travel the world like this"
"**Yn yr amser hwnnw rydym yn ymdrechu i wneud yr holl ddaioni yn ein gallu**"
"in that time we strive to do all the good in our power"
"**Pan fyddwn yn llwyddo rydym yn derbyn enaid anfarwol**"
"when we succeed we receive an immortal soul"
"**Ac yna rydyn ni hefyd yn cymryd rhan yn hapusrwydd dynolryw.**"
"and then we too take part in the happiness of mankind"
"**Chi, môr-forwyn dlawd, wedi gwneud eich gorau**"
"You, poor little mermaid, have done your best"
"**Rydych chi wedi ceisio gyda'ch holl galon i wneud fel rydyn ni'n ei wneud**"
"you have tried with your whole heart to do as we are doing"
"**Rydych chi wedi dioddef ac wedi dioddef poen ofnadwy**"
"You have suffered and endured an enormous pain"
"**Trwy eich gweithredoedd da y dyrchafasoch eich hunain i'r byd ysbryd.**"
"by your good deeds you raised yourself to the spirit world"
"**Ac yn awr yr wyt i fyw gyda ni am dri chan mlynedd.**"
"and now you will live alongside us for three hundred years"
"**Trwy ymdrechu fel ni, efallai y byddwch yn cael enaid anfarwol**"
"by striving like us, you may obtain an immortal soul"
Cododd y môr-forwyn fach ei llygaid gogoneddus tuag at yr haul
The little mermaid lifted her glorified eyes toward the sun
Am y tro cyntaf, roedd hi'n teimlo bod ei llygaid yn llenwi â dagrau
for the first time, she felt her eyes filling with tears

Ar y llong roedd hi wedi gadael roedd bywyd a sŵn
On the ship she had left there was life and noise
Gwelodd y tywysog a'i briodferch hardd yn chwilio amdani
she saw the prince and his beautiful bride searched for her
Yn drist, roeddent yn syllu ar yr ewyn pearly
Sorrowfully, they gazed at the pearly foam
yr oedd fel petaen nhw'n gwybod ei bod hi wedi taflu ei hun i'r tonnau
it was as if they knew she had thrown herself into the waves
Heb weld, cusanu talcen y briodferch
Unseen, she kissed the forehead of the bride
Ac yna cododd hi gyda phlant eraill yr awyr
and then she rose with the other children of the air
Gyda'i gilydd aethant i gwmwl rosy oedd yn arnofio uwchben
together they went to a rosy cloud that floated above

"Ar ôl tri chan mlynedd," dechreuodd un ohonynt esbonio
"After three hundred years," one of them started explaining
"Yna byddwn yn arnofio i mewn i deyrnas nefoedd," meddai hi.
"then we shall float into the kingdom of heaven," said she
"Ac efallai y byddwn hyd yn oed yn cyrraedd yno yn gynt," sibrydodd cydymaith
"And we may even get there sooner," whispered a companion
"Heb ei weld, gallwn fynd i mewn i'r tai lle mae yna blant"
"Unseen we can enter the houses where there are children"
"Mewn rhai o'r tai rydyn ni'n dod o hyd i blant da"
"in some of the houses we find good children"
"Mae'r plant hyn yn llawenydd i'w rhieni"
"these children are the joy of their parents"
"Ac mae'r plant hyn yn haeddu cariad eu rhieni"
"and these children deserve the love of their parents"
"Plant o'r fath yn byrhau amser ein prawf"
"such children shorten the time of our probation"
"Nid yw'r plentyn yn gwybod pryd rydym yn hedfan drwy'r

ystafell"
"The child does not know when we fly through the room"
"Ac nid ydyn nhw'n gwybod ein bod ni'n gwenu gyda llawenydd am eu hymddygiad da."
"and they don't know that we smile with joy at their good conduct"
"Achos wedyn mae ein barn ni yn dod un diwrnod yn gynt"
"because then our judgement comes one day sooner"
"Ond rydyn ni'n gweld plant drwg a drwg hefyd"
"But we see naughty and wicked children too"
"Pan fyddwn yn gweld plant o'r fath rydym yn taflu dagrau o dristwch"
"when we see such children we shed tears of sorrow"
"Ac am bob deigryn fe dywalltwyd dydd yn cael ei ychwanegu at ein hamser"
"and for every tear we shed a day is added to our time"

Y diwedd
The End

www.tranzlaty.com

www.ingramcontent.com/pod-product-compliance
Lightning Source LLC
Chambersburg PA
CBHW011953090526
44591CB00020B/2754